HISTÓRIAS DA MESA

Massimo Montanari

HISTÓRIAS DA MESA

Tradução
Federico Carotti

2ª edição

Estação Liberdade

Título original: *I Racconti della tavola*
© Gius. Laterza & Figli, 2014, todos os direitos reservados
© Editora Estação Liberdade, 2016, para esta tradução

Preparação	João Pedro Tuccori Pupo
Revisão	Marise Leal
Assistência editorial	Gabriel Joppert
Editor de arte	Miguel Simon
Editor assistente	Fábio Fujita
Imagem de capa	Maestro dell'Osservanza: "Natività della Vergine" (part.) (1430-1450) / © De Agostini / Album / Latinstock
Editores	Angel Bojadsen e Edilberto F. Verza

CIP-BRASIL. CATALOGAÇÃO NA PUBLICAÇÃO
SINDICATO NACIONAL DOS EDITORES DE LIVROS, RJ

M764h

Montanari, Massimo, 1949-
    Histórias da mesa / Massimo Montanari ; tradução Federico Guglielmo Carotti. - 1. ed. - São Paulo : Estação Liberdade, 2016.
    232 p. ; 23 cm.

    Tradução de: I racconti della tavola
    Inclui índice
    ISBN 978-85-7448-270-5

    1. Alimentos - História. 2. Hábitos alimentares - História. 3. Gastronomia. I. Carotti, Guglielmo. II. Título.

16-33229   CDD: 641.3
            CDU: 641.5

20/05/2016   20/05/2016

Todos os direitos reservados à Editora Estação Liberdade. Nenhuma parte da obra pode ser reproduzida, adaptada, multiplicada ou divulgada de nenhuma forma (em particular por meios de reprografia ou processos digitais) sem autorização expressa da editora, e em virtude da legislação em vigor.
Esta publicação segue as normas do Acordo Ortográfico da Língua Portuguesa, Decreto nº 6.583, de 29 de setembro de 2008.

EDITORA ESTAÇÃO LIBERDADE LTDA.
Rua Dona Elisa, 116 | Barra Funda
01155-030 São Paulo – SP | Tel.: (11) 3660 3180
www.estacaoliberdade.com.br

Sumário

PRÓLOGO   11

OS OSSOS DESPEDAÇADOS
Um intruso à mesa de Carlos Magno
Pavia, alguns anos depois de 774   17

O HÓSPEDE INESPERADO
Carlos Magno e o queijo cortado ao meio
Aquisgrana, início do século IX   31

A CARNE E O PEIXE
Pier Damiani e a dieta dos monges
Fonte Avellana, século XI   37

O JANTAR SALVO DA TEMPESTADE
Um milagre do abade Hugo de Cluny
Altkirch, início do século XII   45

O CAVALEIRO, O EREMITA, O LEÃO
O cozido, o cru e a loucura de Ivã
Floresta de Brocéliande, cerca de 1180   51

A BRIGA POR QUATRO CEIAS
Uma controvérsia entre o bispo e os cônegos de Imola
Imola/Ferrara, 1197-1198   59

O ALIMENTO E A FESTA
O Natal de São Francisco
Rivotorto, 1223-1226   77

A FUMAÇA E O ASSADO
O estranho pleito de Fabrat, cozinheiro sarraceno
Alexandria do Egito, século XIII   *83*

UM CONVITE PARA O SENHOR PANCIA
Duas refeições e um insólito pagamento da terra
Asti, 1266   *89*

DRESS CODE
Dante na corte de Roberto d'Anjou
Nápoles, 1309   *95*

AS INVENÇÕES DA FOME
Alimentos incomuns nos anos de carestia
Roma, 1338   *101*

O JUIZ E O CAPÃO
Brincando com a arte do trinchador
Pietrasanta, século XIV   *109*

COZINHA BOLONHESA, COZINHEIRO ALEMÃO
Lasanha quente para os monges de São Prócolo
Bolonha, 1388   *115*

O PRÍNCIPE DOS COZINHEIROS E O
HUMANISTA REFINADO
Como nasce um *best-seller* da literatura gastronômica
Roma, cerca de 1465-1470   *123*

CASTELOS DE AÇÚCAR
Uma festa de casamento no Palácio Bentivoglio
Bolonha, 1487   *133*

BANQUETES DE ARTISTA
Bizarrias de um grupo de folgazões
Florença, 1512   *149*

SABORES E HARMONIAS
Música, teatro, cozinha na corte d'Este
Ferrara, 1529   *159*

A RECEITA DOS PESCADORES
Cultura popular à mesa do imperador
Roma, 1536   *175*

CONTRA O LUXO ALIMENTAR
Peixe e carne juntos? Proibido
Veneza, 1562   *183*

"NÃO COMA TORTAS QUEM ESTÁ
ACOSTUMADO A NABOS"
A epopeia de Bertoldo
Verona, cerca de 570
[Mas inícios do século XVII]   *191*

O DESAFIO DOS MORANGOS
Um banquete para Cristina da Suécia
Mântua, 1655   *199*

PIQUENIQUE NO PAÍS DA COCANHA   *209*

OS TEXTOS ORIGINAIS   *221*

ÍNDICE DOS NOMES   *227*

Prólogo

Silêncio, ouçamos.

Deixemo-nos envolver pelas palavras dos textos — crônicas, novelas, vidas de santos e de imperadores, escritos morais, romances de cavalaria, documentos de arquivo, livros de cozinha — que, muitos anos atrás, contaram-nos histórias engraçadas, dramáticas, edificantes ou simplesmente curiosas sobre um tema central da vida de todos, desde sempre: o alimento e sua partilha, à mesa ou em outros lugares.

A comida alimenta e a bebida mata a sede, mas comidas e bebidas são muitas outras coisas também. São formas de expressar pertenças, identidades, relações. São instrumentos de socialidade e de comunicação. É por isso que toda narrativa sobre o alimento e a mesa possui uma densidade especial, uma trama de perspectivas que a enriquece de conteúdos e de significados. Pois narram-se coisas que, por sua vez, narram. As narrativas sobre a mesa têm tanto a dizer porque é a própria mesa que narra. Ela narra a fome e as maneiras como o homem procurou transformá-la em ocasião de prazer. Narra a economia, a política, as relações sociais. Narra os paradigmas intelectuais, filosóficos, religiosos de uma sociedade. A mesa narra o mundo.

Os textos não falam sozinhos. Para que falem, é preciso interrogá-los, escavar entre as linhas, às vezes acompanhando-os, às vezes alisando-os a contrapelo, para arrancar de um adjetivo, de uma vírgula, de um silêncio algo que o texto gostaria de calar ou não diz simplesmente porque é evidente, esperado. O historiador que interroga um texto assemelha-se em certa medida ao juiz que interroga uma testemunha, atento aos silêncios e não só às palavras, à gestualidade e às maneiras de narrar, não só à narração em si.

Seguiremos os textos com certo afastamento, estudando-os e avaliando-os a distância. Mas poderemos compreendê-los melhor mergulhando em seu interior, em seu mundo, nas ideias, no imaginário, na cultura que os produziu. Pois, como ensina Maigret, o modo mais eficiente de reconstituir uma história, de descobrir seu sentido, é se pôr no lugar do protagonista. Assim, estaremos aqui, mas também lá. Leitores e protagonistas. Espectadores e atores. Às vezes, precisaremos fazer um esforço de imaginação para reconstituir uma história possível, uma passagem verossímil.

As histórias que viveremos neste livro provêm de épocas diferentes, mas não muito distantes: dos séculos centrais da Idade Média até o auge do Renascimento, com alguns prolongamentos no século XVII. Encontraremos personagens célebres como Carlos Magno, São Francisco, Dante Alighieri, figuras menores e outras totalmente desconhecidas. Haverá também personagens imaginários, frutos da fantasia de romancistas e novelistas: o camponês Bertoldo, o cavaleiro Ivã e muitos outros.

Histórias verdadeiras e inventadas se alternarão, mas trataremos todas elas da mesma maneira: como histórias *possíveis*, espelhos de um mundo, de uma sociedade, de uma cultura. Pois o imaginário também faz parte — e como! — da realidade.

E, agora, silêncio, vamos à narrativa.

HISTÓRIAS DA MESA

OS OSSOS DESPEDAÇADOS

Um intruso à mesa de Carlos Magno
Pavia, alguns anos depois de 774

Um dia, enquanto todo o reino da Itália estava pacificado sob o domínio de Carlos e ele próprio residia na cidade de Ticino, que com outro nome se chama Pavia, Adelchi, filho do rei Desiderio, teve a ousadia de lá entrar por conta própria, como que para espiar, porque queria saber o que faziam e diziam, como é costume dos invejosos.

Assim começa o vigésimo primeiro capítulo do terceiro livro da *Crônica de Novalesa*, escrita por um monge do século XII que, mesclando história e lenda, reconstitui os acontecimentos do reino da Itália e da abadia de Novalesa no Vale de Susa. Por lá haviam passado os exércitos de Carlos Magno em 773, quando atravessaram os Alpes e ocuparam o reino dos lombardos, obrigando o rei Desiderio e seu filho Adelchi a se porem em fuga. Em 774, os francos tomaram a capital, Pavia, mas os dois soberanos (Adelchi, que a *Crônica* chama de Algiso, fora associado ao trono em 759) já estavam distantes, Adelchi talvez em Constantinopla, abrigado junto ao imperador Constantino V.

Passaram-se alguns anos desde a queda do reino, que o cronista — simpatizando com os vencedores — apresenta "pacificado sob o domínio de Carlos". Mas Adelchi não se dá por vencido e, "invejoso" da sorte de Carlos, encena uma ação espetacular que o monge de Novalesa descreve em todos os detalhes. É uma ação de grande significado simbólico, que representa tanto o rancor do vencido em relação ao vencedor, como também o temor do vencedor em relação ao vencido: Adelchi, de fato, era "desde a juventude muito forte e de índole audaz e belicosíssima".

Aqui ele dá provas dessa força física e desse ânimo brioso de maneira teatral, desafiando o inimigo de uma forma refinadamente demonstrativa, para lhe instilar a suspeita de um perigo iminente, a ideia de um possível regresso em armas dos lombardos.

O local que Adelchi escolhe para essa exibição é a sala do banquete, tópico das literaturas antigas, quase uma "imagem do mundo" utilizada para representar a sociedade e as relações de poder.

Depois de retornar a Pavia navegando pelo rio, o príncipe deposto entra às escondidas, disfarçado de pessoa comum: "Chegara de barco, não como filho do rei, mas como alguém do povo médio", acompanhado, para não se fazer notar, somente por um pequeno grupo de homens de confiança. Consegue passar despercebido pelos postos de guarda e por algum tempo ninguém o reconhece; a certa altura, porém, encontra um velho conhecido, alguém que já fora "fidelíssimo ao seu pai". Adelchi percebe que foi reconhecido e, em vez de ocultar sua identidade, tenta colher frutos da situação.

Para começar, pede ao homem, em nome do juramento de lealdade que fizera outrora a seu pai e a ele próprio, para não revelar sua presença a Carlos. Depois de obter tal garantia, Adelchi arrisca um lance mais alto: "Peço-te, pois, amigo meu: hoje, à ceia do rei, quando ele estiver prestes a jantar, coloca-me sentado à cabeceira de uma mesa." Logo a seguir explica-se como isso lhe seria possível: era precisamente esse homem, o velho leal a Desiderio e Adelchi, o encarregado de levar os alimentos à mesa do rei. "Farei como desejas", prometeu ele.

Tentemos imaginar a cena. Uma sala preparada para a refeição do rei e de seus homens, com determinado número de mesas montadas sobre cavaletes móveis — era esse o costume medieval:

mensa [mesa], de *mettere* [pôr, colocar], designa uma estrutura provisória, um *móvel* no sentido literal do termo, que se coloca e se retira quando necessário. Imaginemos mesas retangulares: uma forma amplamente atestada pela iconografia medieval, que se presta especialmente bem a marcar as distâncias, a dispor os lugares em ordem hierárquica. Em cada mesa desenham-se um centro e uma periferia: Adelchi pede para ser colocado ao *caput*, o lado curto da mesa, o mais distante do centro, o mais anônimo, onde julga que pode se mimetizar entre os comensais.

Claro que, para tornar a ideia de Adelchi plausível, é preciso supor uma mesa relativamente *aberta*. Na Idade Média lombarda e carolíngia, a mesa do rei ainda é a mesa de seus fiéis, de seus soldados, de seu "povo". Uma mesa *inclusiva*, que exprime um microcosmo social completo e, potencialmente, abrange a todos. Uma mesa que prevê lugares e hierarquias, mas de modo menos rígido, menos formalizado do que veremos ocorrer na sociedade cortesã tardo-medieval, quando a mesa régia ou senhorial passará a ser fortemente excludente.

Se é verdade que a mesa e o banquete, nas culturas arcaicas, simbolizam a sociedade e as relações entre os homens e constituem de certa forma sua representação alegórica, a mesa de Carlos Magno da qual todos compartilham é a imagem de uma sociedade densamente integrada e coesa. A comunidade que se senta ao redor do rei é o povo dos guerreiros. Mas o contrário também é verdadeiro: essa mesa aberta (*tecnicamente* aberta) é fechada para os estranhos, que só podem vir participar lançando mão de alguma violência ou ludíbrio, como o arquitetado por Adelchi. Exatamente por ser imagem e alegoria de um corpo social compacto, a mesa precisa excluir quem não faz parte do grupo.

O desafio de Adelchi não termina aqui. Ele faz outro pedido ao velho servo, aparentemente extravagante: "Todos os ossos que forem tirados da mesa, tanto os descarnados quanto os ainda cobertos de carne, arruma uma maneira de trazê-los à minha frente."

Tudo segue conforme o planejado. Adelchi é introduzido na sala do banquete e encontra um lugar ao fundo da última mesa. Os pratos começam a chegar, não sabemos em que ordem, nem quantos nem quais: o cronista não se detém sobre o cardápio; a única coisa que lhe interessa — a única relevante na trama narrativa — são os ossos que ficam nas mesas. Ossos de "cervo, de urso, de boi". Animais provavelmente caçados nas redondezas: os bosques da planície, naquela época muito densos nas faixas próximas ao rio Pó e seus afluentes, abrigavam uma grande quantidade deles.

O cervo e o urso eram presenças habituais, ao passo que podemos ficar um tanto perplexos quanto à identidade selvagem (sugerida pela aproximação com cervos e ursos) dos bovinos consumidos naquele banquete. Poderiam ser búfalos, uma espécie doméstica talvez introduzida na Itália pelos lombardos em sua chegada ao fim do século VI, que eventualmente teriam se multiplicado também em estado selvagem. Mas poderiam ser bois mesmo, caso seja verdade que o bovino selvagem, o lendário "uro", teve presença na Europa até o século XVIII, quando os últimos exemplares foram abatidos na Polônia.

Seja como for, podemos ter certeza de que se tratava de caça: numa circunstância dessas, em que o grande Carlos se via rodeado por seus vassalos, o banquete *devia* prever carne de caça, aliás, um tipo bem específico de veação, os animais de grande porte, os grandes quadrúpedes que a cultura da época reconhecia como alimento distintivo dos poderosos e de seu *status* de guerreiros.

No plano dietético, atribuía-se à carne a capacidade de nutrir e fortalecer o corpo melhor do que qualquer outro alimento.

E, como a primeira qualidade de um guerreiro é a força física, o consumo de carne era seu suporte indispensável. À função nutritiva associavam-se valores simbólicos, que contribuíam para fazer da carne um signo de pertença social, incorporado ao modo de viver e pensar da classe guerreira de forma tanto mais intensa e visceral (e aqui o termo é muito adequado) pelo fato de ser carne proveniente de uma caçada, atividade esta, por sua vez, percebida e representada como imagem e "duplo" da guerra.

Alimentar-se de carne de caça era um autêntico rito de classe, que celebrava a força do guerreiro-caçador, capaz de obter seu alimento por meio da prática violenta da caça, e que depois reabastecia seu corpo com esse alimento, dando-lhe a energia que novamente lhe permitiria caçar e se mostrar valoroso na guerra.

Essas premissas nos permitem compreender plenamente o valor do que afirmou Eginardo, o biógrafo de Carlos Magno, ao relembrar que nunca faltavam às primeiras refeições diárias do imperador os assados de veação, "que os caçadores costumavam colocar nos espetos e que ele comia com mais gosto do que qualquer outro alimento": não é de uma predileção individual que Eginardo nos fala, e sim da plena conformidade de Carlos à cultura e às expectativas de seus homens.

No banquete de Pavia, os grandes assados de veação não podiam faltar. E de fato não faltavam, como nos garante o monge de Novalesa.

Não só os alimentos consumidos, mas também o *modo* de comê-los correspondia de certa forma a uma identidade de classe. O guerreiro da época lombarda ou carolíngia devia se mostrar voraz, saber enfrentar o pernil de um cervo com a mesma agressividade com que enfrentaria um inimigo em campo. Comer muito, comer "como um leão" (logo mais veremos a utilização dessa imagem em nosso texto) era quase uma obrigação social:

21

desatendê-la, mostrar pouco apetite podia lançar descrédito sobre o comensal. Segundo um boato referido por Liutprando de Cremona, a coroa de rei dos Francos teria sido negada ao duque Guido de Spoleto, ao se saber que ele se contentava com refeições moderadas.

É verdade que a igreja recomendava sobriedade e temperança, e os bons cristãos não podiam ignorá-lo; mas um soberano como Carlos Magno, se quisesse corresponder às expectativas de seus homens, não poderia se permitir a isso. É ainda Eginardo que nos informa que o imperador, mesmo conhecendo e respeitando as obrigações do jejum eclesiástico, "não podia, porém, exagerar na abstinência e frequentemente reclamava que os jejuns eram prejudiciais a seu corpo".

Enfim, embora não possamos condescender com certas imagens cinematográficas de reis "bárbaros" brandindo enormes pedaços de carne em banquetes ruidosos e desregrados, devemos admitir, porém, que há alguma verdade na imagem *positiva* que aqueles homens atribuíam aos comportamentos vigorosos e galhardos — na sala do banquete, bem como em batalha e na vida cotidiana.

Eis, portanto, nosso Adelchi em ação: à medida que o fiel servidor lhe estende os ossos retirados das outras mesas, ele "despedaça-os todos, comendo seu tutano, como um leão esfomeado que devora a presa". Joga os fragmentos dos ossos sob a mesa, até formar um monte de bom tamanho. Depois levanta-se e deixa a sala antes dos demais. A mensagem está dada, a missão foi cumprida. Era exatamente isso — deixar uma mensagem — a finalidade da arriscada aventura. Mas de que mensagem se tratava? O que Adelchi quisera *dizer* com seu curioso comportamento?

Uma coisa logo fica clara: a mensagem de Adelchi chega ao destino e é perfeitamente compreendida por seu destinatário, o "grande inimigo" Carlos. Isso significa que os dois protagonistas na narrativa, como provavelmente também na realidade, compartilham valores e signos de comunicação gestual, *falam a mesma linguagem*: entendem-se na hora, sem precisar consultar nenhum dicionário. É o próprio Carlos, assim que se levanta da mesa, quem percebe o que ocorreu: "Olhando em torno, viu aquele monte sob a mesa e exclamou: Quem, ó Deus, despedaçou todos esses ossos?" A invocação (ó Deus) não é daquelas que se usam à toa e indica a gravidade do fato, tal como a percebe Carlos.

Os companheiros respondem que não sabem de nada. Apenas um, que acabara de se levantar da mesa à qual Adelchi estivera sentado, diz ter visto a seu lado um "soldado fortíssimo" que "despedaçava todos os ossos de cervo, de urso e de boi" (é aqui que ficamos conhecendo o cardápio do banquete) com uma extraordinária facilidade, "como se estivesse quebrando varetas de junco". Essa prova de força o deixara impressionado, e o tom do discurso dá a entender que fora precisamente disso — da facilidade com que esmigalhava os ossos mais duros — que o homem deduzira que aquele soldado era "fortíssimo".

Sabemos que Adelchi era alto e robusto, mas aqui é, acima de tudo, seu comportamento que mostra (que *de*monstra) sua força excepcional, digna de um leão "que devora a presa". Uma mensagem em código não muito difícil de interpretar.

Carlos é atravessado por um pressentimento inquietante e quer esclarecer o episódio. Imediatamente manda chamar o responsável pelo atendimento das mesas, cuja anterior lealdade aos soberanos lombardos não lhe é desconhecida e de cuja conivência e participação na malfadada história já suspeita. Sem preâmbulos, pergunta-lhe: "Quem era e de onde veio o soldado que estava sentado aqui para comer e que despedaçou todos esses ossos?" O homem tenta se esquivar: "Não sei, meu senhor e rei."

Carlos não acredita nele e, mentalmente, já intui como se sucederam as coisas. "Pela coroa em minha cabeça", insistiu, "claro que sabes!" Vendo-se descoberto, ele sente medo e se cala. Seu silêncio confirma as suspeitas de Carlos: aquele "soldado fortíssimo" era Adelchi em pessoa. Ele o havia "percebido" desde o início, como a linguagem do cronista nos dá a entender, escavando a psicologia do personagem com expressões de raro efeito: "Em seu ânimo, o rei percebera que aquele era Algiso." Só podia ser ele, porque somente um homem forte como ele poderia se comportar daquela maneira e somente um inimigo como ele poderia desafiar o novo rei com aquela audácia, num lugar como aquele, símbolo da amizade, da solidariedade entre companheiros, da fidelidade ao soberano. Somente um rei, mesmo derrotado, mesmo deposto, pode se comportar como rei.

Agora Carlos lamenta que o adversário tenha conseguido se eclipsar impunemente da sala do banquete. "Para que lado foi?", pergunta aos seus. "Ele veio de barco", observa um, "e imagino que deve partir do mesmo modo." Perseguem-no, chamam-no de volta para a margem, fingindo que querem lhe dar os braceletes de ouro de Carlos, em sinal de amizade. Na verdade, querem matá-lo, estendendo-lhe os braceletes na ponta de uma lança. Adelchi intui o perigo, veste a couraça para se proteger e por sua vez agarra a lança, ofertando seus braceletes em troca dos outros e logo desaparecendo nas brumas do rio. O malogro e a desilusão de Carlos são palpáveis. E mesmo um mal disfarçado sentimento de medo: "De fato, continuava a temer Adelchi, porque tomara o reino a ele e ao pai, e porque era um herói famoso por sua força."

Adelchi perdeu o reino, mas venceu essa curiosa disputa, cujas características mais evidentes e explícitas são facilmente inteligíveis: zombar do rei, assustá-lo, lembrar-lhe a força e a habilidade do derrotado. Mas há mais.

Somos levados a outra direção pelas palavras do próprio Carlos Magno, que ouvimos novamente: "Olhando em torno, viu aquele monte sob a mesa e exclamou: Quem, ó Deus, despedaçou todos esses ossos?" Não é tanto a abundância dos restos que surpreende o soberano, não é o monte de ossos em si, que indica um enorme apetite, uma voracidade verdadeiramente régia. A perplexidade de Carlos nasce da constatação de que o misterioso hóspede *despedaçou* os ossos: é essa visão que o impressiona, que instila em sua mente obscuros temores. E o tema dos ossos despedaçados não é daqueles que podem ser relegados ao pano de fundo, pois guarda relações com histórias que, para o desconhecido cronista de Novalesa, provinham de um substrato de narrativas seculares, que permaneceram vivas na memória dos vencedores francos, ou na dos vencidos lombardos, ou na de ambos.

Esse tema tinha um papel muito definido na cultura tradicional dos povos germânicos e, em especial, dos de antiga origem escandinava, como eram os lombardos. Fazia parte dos mitos e ritos de fertilidade que, entre esses povos, estavam vinculados mais ao mundo animal — antigamente a caça, depois também o pastoreio — do que às plantas e à agricultura, protagonistas da cultura e da mitologia mediterrâneas. Esses mitos e ritos eram antigos, embora seu principal vestígio — a narrativa fundadora — se encontre apenas no *Edda em prosa*, escrito pelo islandês Snorri Sturluson na primeira metade do século XIII.

Na parte do *Edda* intitulada *Gylfaginning*, ou seja, "O engano de Gylfi", narra-se como o deus Thor (incumbido de governar os agentes atmosféricos e, portanto, a fertilidade e o alimento) certo dia desceu à terra, acompanhado pelo deus Loki. Trazia consigo dois bodes. Ao crepúsculo, chegaram a uma casa camponesa e pediram abrigo para a noite. Aproximando-se a hora do jantar, Thor matou os dois bodes, esfolou-os e colocou-os para cozinhar numa panela. Quando estavam cozidos, preparou-se para comer com o companheiro, não sem antes ter convidado seus anfitriões — o camponês, a mulher e um casal de filhos — para dividir a refeição com eles. Colocou os couros dos bodes longe do fogo e fez uma recomendação aos comensais: depois de comer e descarnar os ossos dos animais, deviam jogá-los dentro do couro. O jantar seguiu agradavelmente, mas alguém faltou à palavra dada: Thiálfi, o filho do camponês, ficou com o osso de uma coxa "e o cortou com a faca e o despedaçou para pegar o tutano". O jantar terminou e todos foram descansar. De madrugada, Thor se levantou, vestiu-se e pegou seu martelo. Girou-o sobre os couros dos bodes e os animais se puseram de pé. Mas um deles mancava e o deus entendeu imediatamente que alguém não se conduzira como devia: "o osso da coxa estava quebrado." Thor encarou os presentes com um olhar terrível. O camponês implorou perdão e ofereceu a Thor tudo o que possuía. O deus se acalmou e, em sinal de reconciliação, tomou para si o casal de filhos do homem, que desde então se tornaram seus servos.

O *Edda* aqui nos apesenta o mito fundador ao qual se ligam as práticas rituais atestadas entre povos caçadores de várias áreas do mundo, segundo o qual a divindade auxilia os homens, garantindo a multiplicação e a regeneração dos recursos que asseguram a subsistência cotidiana — nesse caso, os animais. Recolher os ossos dentro do couro e depois sepultá-los ao pé de uma árvore é um gesto recorrente na tradição folclórica, que serve justamente para propiciar o renascimento, a ressurreição do animal e, portanto, a disponibilidade de sua carne como recurso para a comunidade. Os ossos, porém, devem estar intactos. Essa condição é indispensável para que o procedimento se conclua da maneira correta.

É realmente difícil pensar na narrativa da *Crônica de Novalesa* sem ver aí um vestígio — talvez inconsciente — dessa tradição.

É verdade que a cultura europeia, nesse ínterim, havia se cristianizado. Mas os lombardos eram especialmente refratários a abandonar as antigas crenças e tradições, tanto mais que, paradoxalmente, o próprio processo de cristianização contribuía para mantê-las vivas. A literatura cristã dos inícios da Idade Média — em especial a hagiografia, as "vidas dos santos" — devolve-as a nós em formas renovadas, mas com funções narrativas e simbólicas análogas.

As lendas que floresceram ao redor de Germano de Auxerre, evangelizador da Britânia no início do século V, são entremeadas de motivos folclóricos que remetem a mitos de tradição germânica e celta. Entre os milagres que lhe são atribuídos, não falta a espetacular ressurreição de um bezerro, realizada por Germano durante uma viagem pela Britânia: aproximando-se a noite, Germano pede hospedagem no palácio do rei, o qual lhe recusa com desdém; porém é acolhido por um camponês da região, que lhe prepara o único bezerro que possui. Terminado o jantar, Germano ordena que os ossos do animal sejam cuidadosamente recolhidos em seu couro e postos no estábulo diante da mãe. E então o bezerro renasce.

A antiga lenda estava ainda viva na segunda metade do século IX, quando Henrique de Auxerre, referindo-se a ela nos *Miracula sancti Germani*, comenta que a ouvira de um velho bispo bretão, chamado Marco. Nessa narrativa não consta a ordem de não despedaçar os ossos (que nos interessa mais especialmente). Ela, porém, aparece em outra versão do episódio, apresentada algumas décadas antes (por volta de 826) pela *Historia Brittonum* de Nênio: antes do jantar, lê-se, Germano "ordenou que nenhum dos ossos do animal fosse despedaçado".

Por um lado, a vitalidade dessas tradições nas culturas agrícolas e pastoris também de caráter cristão atesta a antiguidade dos mitos germânicos reunidos mais tarde pelo *Edda*; por outro lado, obriga-nos a excluir a hipótese de que a narrativa incluída na *Crônica de Novalesa* possa prescindir das profundas implicações que tais temas guardavam na cultura e na época de Adelchi e Carlos Magno. Talvez o monge do século XII já não mais estivesse consciente disso, mas os que conceberam e transmitiram a narrativa certamente estavam conscientes.

Com ossos de animais não se brinca. É questão de vida ou morte. Despedaçá-los sistematicamente para sorver seu tutano é uma maneira de desejar a pior das calamidades: que os animais não consigam mais se regenerar, se multiplicar, crescer saudáveis, assegurar alimento certo e a força física indispensável ao guerreiro. O que Adelchi faz à mesa de Carlos Magno é lançar uma terrível maldição sobre seu inimigo.

O HÓSPEDE INESPERADO

Carlos Magno e o queijo cortado ao meio
Aquisgrana, início do século IX

O império de Carlos Magno não dispunha de uma verdadeira capital: Aquisgrana era sua sede preferida (Aachen na Alemanha, a dois passos da Bélgica e dos Países Baixos, Aix-la-Chapelle em francês), mas o soberano viajava incessantemente, pois apenas sua presença física garantia uma possibilidade de controle político sobre as diversas regiões do reino. Por isso, muitas das histórias narradas a seu respeito têm como pano de fundo o tema da viagem.

Notkero Balbulo, monge de São Galo, que no fim do século IX escreveu uma biografia do imperador, narra uma ocasião em que Carlos, percorrendo o interior da França, passou por uma cidade (cujo nome não é especificado) e decidiu de súbito visitar o bispo. Não era — podemos presumir — uma visita de mera cortesia, tampouco uma homenagem à autoridade religiosa do lugar: na época carolíngia, os bispos estavam estreitamente integrados no sistema político e, aliás, representavam, ao lado dos condes, um dos eixos sobre o qual se apoiava a autoridade régia no plano periférico. Era uma visita de controle para verificar a lealdade do prelado, sua confiabilidade como funcionário local.

Evidentemente, o rei fica para comer: a obrigação de hospedá-lo (ele e todo seu séquito) é o primeiro dever dos súditos do reino. Um dever codificado, com um nome preciso: *fodrum* (nutrição) ou *gistum* (hospitalidade) ou, mais simplesmente, *servitium regis* (serviço do rei).

Nosso bispo, porém, enfrenta um problema: como não fora avisado com antecedência, não teve tempo de preparar uma mesa adequada à ocasião. Além do mais, é sábado, dia de abstinência de carne (como as quartas e sextas-feiras). Não pode servir quadrúpedes nem aves. Não dispõe de peixe, "devido à pobreza da região". A melhor coisa que tem na despensa é um bom queijo, "branco e gordo". Ordena que o tragam e sirvam ao imperador.

Carlos Magno não cria caso: a frequência das viagens acostumou-o a se adaptar "a todos os lugares e situações". Por isso, e para não aumentar o embaraço do dono da casa, não pede outro alimento e, pegando a faca, se põe a remover a casca do queijo, "que lhe parecia abominável", e começa a comer a parte branca. O bispo está atrás dele, assistindo a refeição "como fazem os servos": não come com o hóspede — demasiado ilustre, demasiado acima de sua condição social — e fica de lado, em pé, com obsequiosa reverência, pronto a intervir em caso de necessidade. Mas eis que, vendo Carlos limpar o queijo, o prelado arrisca se aproximar e sussurrar-lhe ao ouvido: "Por que fazeis isso, meu senhor e imperador? O que eliminais é a melhor parte."

Carlos se surpreende, mas lhe dá crédito. "Ouvindo a sugestão do bispo, levou à boca uma parte da casca e, mastigando-a lentamente, engoliu-a como se fosse manteiga." A experiência dá certo e o rei manifesta sua aprovação. "Disseste a verdade, meu bom hospedeiro", diz ao bispo, agradecendo-o pelo conselho. E, demonstrando-se um verdadeiro *gourmet*, acrescenta: "Não esqueças de me mandar em Aquisgrana, todos os anos, duas caixas cheias deste queijo."

O bispo, nesse momento, fica preocupado. Como poderá ter certeza de que os próximos queijos serão igualmente bons? Como poderá garantir sua qualidade ao soberano? "Consternado com o pensamento de não o conseguir, sente-se quase em risco de perder seu cargo e seu ministério" — talvez seja exagero de Notkero Balbulo ou do bispo, mas isso nos mostra a que ponto a autoridade eclesiástica, naqueles tempos, estava submetida ao controle do rei. "Meu senhor", admite, "posso adquirir os queijos, mas tenho receio de confundir os desse tipo com outros e depois me ver culpado pelo erro a vossos olhos."

É o próprio Carlos quem lhe dá a solução. Carlos, que jamais provara aquele tipo de queijo, mas que estava sempre pronto a conhecer e experimentar de tudo, "até as coisas estranhas e desconhecidas". Para o bispo, "que não conhecia sequer as coisas entre as quais crescera", o soberano dá um conselho que é uma ordem: verificá-los um por um, entregar-lhe os melhores e ficar com os outros. "Corta todos ao meio, depois junta os desse tipo com um espeto de madeira e manda-os para mim numa caixa. Fica com os outros, para teu clero e teus servidores."

É a mais antiga referência conhecida a esses queijos de massa mole, cobertos por um mofo protetor, que depois se tornaram célebres na gastronomia francesa. O hábito de cortá-los no meio, segundo essa narrativa, derivaria de um curioso pedido do imperador em pessoa.

Por dois anos seguidos, o bispo remeteu os queijos a Carlos. No terceiro ano, levou-os pessoalmente, "para oferecer o que trazia de tão longe e à custa de tanto esforço". O imperador, para recompensá-lo por sua solicitude, doou-lhe uma grande propriedade rural, "de onde aquele bispo e seus sucessores pudessem obter trigo e vinho segundo as necessidades deles e de seus homens".

A CARNE E O PEIXE

Pier Damiani e a dieta dos monges
Fonte Avellana, século XI

No eremitério de Fonte Avellana, nos Apeninos das Marcas, Pier Damiani e seus discípulos praticavam uma dieta inflexível: sua regra de vida, inspirada na espiritualidade de São Romualdo e seus irmãos camaldulenses, exclui categoricamente a carne da cozinha e da mesa. Todas as comunidades monásticas seguem regras desse gênero, mas com margens de rigor variáveis: nesse caso, a inflexibilidade se pretende absoluta.

A desconfiança em relação à carne tem raízes antigas e, na tradição cristã, múltiplas variantes: recusá-la significa negar-se o prazer, o primeiro desejo alimentar (que a Idade Média sem dúvida situa na carne); é também uma maneira de sustentar a dificílima opção pela castidade, que a carne — classificada pelos médicos e pelo senso comum como "geradora de calor" e, portanto, afrodisíaca — arrisca comprometer. Se isso não bastasse, a carne é um símbolo de poder: entre os alimentos, como afirmam os textos de dietética, é a carne que dá mais força ao corpo, sendo, portanto, adequada à figura e à imagem do guerreiro, indissociável da ideia de comando; o princípio da humildade, estrategicamente central na ideologia monástica (embora nem sempre na prática cotidiana), se expressa também na renúncia a esse instrumento de domínio. Acrescentam-se outras sugestões: a nostalgia do Éden vegetariano, ao qual se gostaria de logo voltar; o desconforto de matar criaturas vivas (um motivo estranho à mensagem cristã, mas que aflora aqui e ali nas entrelinhas).

Em suma, diz-se "não" à carne até onde nos for possível: "Se queres ser perfeito", escrevera são Jerônimo, "melhor abster-te dela." Por isso, a tradição monástica desenvolveu uma atenção especial aos alimentos alternativos: peixe, queijo, ovos, além de legumes, verduras, cereais. O peixe, sobretudo, torna-se o primeiro antagonista da carne, símbolo por excelência da dieta monástica.

Mas voltemos à Fonte Avellana. Pier Damiani está doente faz algum tempo e suas condições de saúde estão piorando. Está com o corpo debilitado também porque há escassez de alimentos no mosteiro: falta, em especial, o peixe. Os médicos estão preocupados, bem como os confrades, alguns dos quais começam a importunar o mestre "com acalorada e veemente insistência" — são palavras do próprio Damiani, que algum tempo depois relembra o fato numa carta endereçada aos monges Rodolfo e Ariprando.

Os confrades argumentam que Pier deveria, pelo menos por alguns dias — três talvez fossem suficientes —, aceitar comer carne para recobrar as forças. Não à toa, a maioria das regras monásticas admite o consumo de carne para os monges doentes ou indispostos. Mas ele não cede e tenta tranquilizá-los: tende fé; mais cedo ou mais tarde, o peixe chegará. E, para ser mais convincente, narra-lhes a história de certo monge que, algum tempo antes, fora vítima de sua fraqueza e da malícia do conde de Orvieto, Farolfo, que o hospedara à sua mesa.

O conde, para demonstrar a pouca força de caráter do monge e fazê-lo passar um papelão diante dos comensais, convenceu-o de que não havia peixe na despensa e que deveria se resignar a comer carne. De início, o monge resistiu, depois se abrandou e por fim, "movido com grande prazer pelas exortações do conde", cedeu. Diante de um suculento lombo de porco, trazido à mesa entre o entusiasmo dos comensais, o monge conseguiu afastar o sentimento de culpa com uma patética obra de autossugestão: "Persuadiu-se de que aquilo não era carne e que podia comê-la impunemente." Duplamente enganado, pelo conde e por si mesmo, "como um pássaro enleou-se no visco" — assim comenta Pier Damiani o episódio que está a narrar. O monge, preparando-se para comer, antes enrubesceu, temendo os olhares dos circunstantes e começou a saborear a carne aos poucos; depois, entregue à liberdade de comer, "soltou os freios da gula".

Quando o monge já havia saciado seu desejo de carne, "eis que o trinchante-mor trouxe para a mesa um enorme lúcio", que chamou prontamente a atenção dos comensais. O monge também começou a olhá-lo com ávida curiosidade, e "de boca aberta cravava os olhos no peixe". Mas o conde escarneceu: "Tu, que comeste a carne como um laico, por que te interessas pelo peixe como um monge?"; apostrofando-o com uma douta citação bíblica: "Oh, claro, se conseguires comer também o peixe, poderás cantar muito bem aquele versículo do salmo: *Meus est Galaad et meus est Manasses*" — Galaad é meu e meu também é Manassés.

A referência ao Salmo 60 da Bíblia, em que Deus reivindica o poder sobre os chefes de duas tribos israelitas, é visivelmente exagerada em relação ao que se passava à mesa, mas serve para agigantar o episódio e o sentimento de culpa do monge. Farolfo conclui zombeteiro: "Pois saibas que, se te tivesses abstido da carne, eu teria mandado preparar este peixe expressamente para ti; mas, como saciaste com carne o apetite da carne, este peixe não te passará pela garganta."

O conde havia minado maliciosamente a capacidade de resistência do monge, que, por fim, saciara "com carne o apetite da carne": o jogo de palavras, colocando em paralelo a carne-corpo e a carne-alimento, retorna com frequência na literatura medieval, representando de forma simbólica a obsessão por um alimento que evocava com demasiada proximidade a carne, o corpo, a materialidade do homem — tudo aquilo que o monge se empenhava em afastar, para seguir as vias da mente e do espírito.

O apólogo de Pier Damiani acaba aqui, mas não a história da *própria* tentação, que ele relembra na carta aos dois monges. A narração daquele infeliz episódio finalmente persuadira os irmãos da ermida — aqueles que queriam convencê-lo a comer carne — que, mais cedo ou mais tarde, apareceria uma solução, que o próprio Deus iria pensar em enviar "uma benção de peixes" e que, se ele não tivesse paciência de esperar e violasse (como o monge do apólogo) o voto de abstinência, certamente depois iria se arrepender e se envergonhar.

Dictum factumque est: dito e feito. Três dias depois, chegou um carregamento de peixes, enviado por Guido, conde de Imola, e pela cidade de Faenza, que permitiram a Pier Damiani se alimentar de acordo com a regra e evitar o definhamento físico. "Por muitos dias", conclui ele, "não me faltou o acompanhamento."

Quem sabe, talvez Pier Damiani estivesse lembrando um episódio semelhante, narrado alguns séculos antes por Gregório Magno nos *Diálogos*. Naquele caso, o peixe chega não como um gesto de caridade de um poderoso vizinho, mas graças a uma pesca prodigiosa numa região dos Apeninos onde raramente se viam peixes.

O episódio ambientado entre os montes de Sannio tem como protagonista o filho de um camponês, chamado Onorato, que desde a infância praticava as virtudes da abstinência, "inflamado pelo amor à pátria celestial". Um dia, seus pais "convidaram os vizinhos para um almoço" e começaram a servir pratos de carne, tanto por ser um recurso da localidade quanto por ser a maneira habitual de festejar um evento. Mas Onorato, "por amor à abstinência", se recusava a comer.

Os parentes começaram a zombar dele, dizendo: "Pensas talvez que podemos providenciar peixe para ti, aqui nestes montes?"

De fato, comenta Gregório, lá nas montanhas "tinham ouvido falar em peixes, mas nunca haviam visto".

Enquanto isso, acaba a água à mesa e um servo vai buscá-la na fonte, com um balde de madeira. Quando começa a alcançar a água, entra um peixe no balde, sem que ele perceba. Voltando ao local do banquete, "junto com a água despejou sob os olhos dos comensais aquele peixe, tão grande que daria muito bem para Onorato ter comida pelo dia inteiro". Gregório Magno, com certa ironia, chama-o de "peixe de montanha" (*piscis de monte*). Todos se espantam e param de troçar do jovem; aliás, começam a sentir uma certa veneração por ele. Compreendem que Deus está a seu lado. Mais tarde, Onorato funda o mosteiro de Fondi, tornando-se seu abade.

O JANTAR SALVO DA TEMPESTADE

Um milagre do abade Hugo de Cluny
Altkirch, início do século XII

Esta é a narrativa de um milagre.

O protagonista é Hugo, o grande abade de Cluny, reformador (material e espiritual) do célebre mosteiro da Borgonha que, sob a sua direção, a qual se prolongou por mais de sessenta anos, de meados do século XI até o início do século XII, alcançou o máximo esplendor religioso e político. Suas biografias estão repletas de ações prodigiosas, que lhe valeram fama e título de santidade.

Seu primeiro biógrafo, Egídio, que escreve por volta de 1120, conta que, certa vez, Hugo ficou hospedado em Altkirch, na Alsácia, na casa do conde Ludovico e sua mulher Sofia. Era verão e a mesa foi preparada ao ar livre, no jardim. A certa altura, porém, "nuvens tempestuosas começaram a ressoar seus trovões e a soltar raios". Os criados não sabiam o que fazer. Tirar tudo e preparar tudo outra vez no interior, desperdiçando o trabalho realizado? Arriscar-se ao temporal?

O santo abade optou por uma terceira solução: invocar a ajuda divina. "Levantando sua mão que estava a serviço da misericórdia, fez o sinal da cruz e serenou aquela parte do céu que as nuvens tempestuosas haviam obscurecido." Somente *aquela* parte: o jardim do conde foi poupado da fúria dos agentes atmosféricos, enquanto a chuva caía ao redor. O biógrafo compara o gesto solene de Hugo ao de Gideão, que na narrativa bíblica (Juízes, 6, 36-40) pede a Deus um sinal da aliança e obtém que a lã estendida no terreno durante a noite permaneça enxuta, enquanto o terreno ao redor ficou molhado de orvalho.

O fenômeno espetacular é a resposta a uma súplica: que a refeição preparada em honra a Hugo não termine em fracasso.

Aos olhos dos protagonistas (o conde, sua mulher, o santo abade), seria uma situação desagradável no limite do intolerável, posto que até Deus é invocado para resolvê-la. Por isso fica evidente que não se trata de salvar um banquete — a intervenção divina seria, para dizer o mínimo, desproporcional. Aquele banquete é a imagem de uma relação de amizade que se está construindo, de uma solidariedade que se quer celebrar, talvez uma aliança política. A cada vez que as pessoas se sentam à mesa, a dimensão social e interpessoal do gesto ultrapassa em muito a mesa preparada e os alimentos servidos. Comer juntos significa *sempre* outra coisa.

Também outra coisa. Se Hugo, no caso em questão, utiliza sua santidade para salvar o teatro do convívio à mesa, em homenagem à generosidade demonstrada por seus anfitriões no gesto de acolhê-lo, outras vezes o milagre serve para garantir ou proteger o alimento em si: vem resolver um problema — a fome — que a sociedade medieval vive com especial intensidade. Ter alimento suficiente é o primeiro problema, a principal obsessão — às vezes um simples medo, mais amiúde uma dificuldade concreta. Nas "vidas" dos santos, são incontáveis os milagres de natureza alimentar, distribuídos ao longo de toda a cadeia produtiva, do campo à mesa, passando pela cozinha e pela despensa.

Entre os prodígios realizados pelo beato Colombano — o célebre santo de origem irlandesa, que percorreu a Europa entre os séculos VI e VII, fundando eremitérios e mosteiros —, há um que lembra de perto aquele de Hugo. Este, porém, diz respeito à fase inicial do percurso alimentar: ocorreu nos campos recém-cultivados ao redor do cenóbio de Saint-Génis-des-Fontaines, na Borgonha, onde os irmãos de Colombano pretendiam colher o trigo, se uma tempestade iminente não ameaçasse a integridade do produto e a própria viabilidade da operação. Para proteger o alimento da comunidade, Colombano invoca a mão de Deus para aquele trigo. Escolhe quatro companheiros, de mais confiança pelo mérito e virtude, ordenando que se coloquem nas quatro pontas do campo. Ele e os demais vão para o centro, para ceifar. Milagrosamente, "a chuva se afastava das messes, enquanto a água se espalhava por todas as partes".

Ou é o produto guardado no porão que é preciso salvar do descuido e da distração de alguém: pode ser o recipiente de azeite que, caindo, permanece intacto; a cerveja que, não estando o tonel bem fechado, em vez de vazar e se espalhar pelo chão, acumula-se verticalmente no recipiente que a acolhe; a hagiografia medieval está repleta de episódios como esses. E, quando o alimento está para acabar, alguém pensa em trazer, num gesto de inesperada caridade motivado pela mensagem divina. Para não falar da multiplicação dos pães, do vinho, do azeite e outros alimentos e bebidas, como rememoração e confirmação da narrativa bíblica. De bíblica memória é também a transformação da água em vinho, um dos milagres mais populares na literatura hagiográfica medieval, assim como as bodas de Canaã gozam de especial predileção nas escolhas iconográficas.

Uma variada casuística explora o tema recorrente desses milagres: a busca da segurança alimentar. Mas, a julgar pelas intervenções divinas, a qualidade do alimento e o prazer de partilhá-lo parecem não menos importantes.

O CAVALEIRO, O EREMITA, O LEÃO

O cozido, o cru e a loucura de Ivã
Floresta de Brocéliande, cerca de 1180

A mítica floresta de Brocéliande — que a tradição oitocentista gosta de identificar com a floresta de Paimpont na Bretanha — serve de pano de fundo para numerosas aventuras do chamado "ciclo bretão", as lendas sobre o rei Artur e seus cavaleiros, desenvolvidas a partir do século XII no romance cortês, gênero literário de especial fortuna em que se celebram o amor e a coragem guerreira, a fidelidade e a paixão, no quadro geral da *aventura* que constitui o eixo dessa tradição.

Brocéliande é o teatro onde transcorre grande parte do romance dedicado a Ivã, "o cavaleiro do leão", como o define o próprio título do poema, escrito por Chrétien de Troyes por volta de 1180. Nessa floresta, um cavaleiro venceu o primo de Ivã. Na mesma floresta, Ivã lhe lança um desafio e o mata, casando-se com sua viúva Laudine. Depois parte para uma nova aventura, com a promessa de regressar dali a um ano. Tendo faltado à promessa, Laudine o rejeita. Louco de raiva e de ciúmes, Ivã se lança em outras aventuras antes de reconquistar o amor da mulher e seu papel social.

A história da loucura de Ivã é representada no romance como um brusco afastamento da civilização. Perdendo a razão, o cavaleiro abdica de seu papel humano — de homem "cortês" — e se embrenha na floresta, com a mente tomada por uma vertigem de pensamentos. Deixando o campo e as tendas, ele rasga suas roupas e foge por prados e campinas, enquanto os companheiros o procuram por todas as partes, em vão.

Correndo a mais não poder, Ivã se depara com um rapaz portando um arco e cinco flechas, dos quais ele se apodera. São armas humildes, "plebeias" para a cultura europeia da época (pois mantêm o inimigo a distância, sendo que o verdadeiro guerreiro deve enfrentá-lo em duelo, desafiando-o para um combate singular). Ivã, na verdade, não pretende realizar ações valorosas, pois tudo desapareceu de sua mente e "não tem nenhuma lembrança de suas gestas passadas". O arco e as flechas lhe servem para caçar animais na floresta, não para provar sua habilidade guerreira (a caça, na Idade Média, é também símbolo e imagem da guerra), mas apenas para sobreviver. Ei-lo em ação: "mata as feras e se alimenta da veação totalmente crua." Totalmente *crua*: é o símbolo do estado de natureza, da selvageria oposta à civilização — cujo primeiro signo é a cozinha.

A perambulação pela floresta prossegue por bastante tempo, até que Ivã, já tendo se tornado "criatura insana e selvagem", se depara com a cabana de um eremita. No argumento narrativo do romance, o papel do eremita é o de um facilitador, que aos poucos ajuda Ivã a voltar a si.

O eremita, de fato, e tal como Ivã, abandonou o mundo, escolheu a floresta como local de solidão e meditação. Escolheu a selvageria como estilo de vida. Assim o fez, porém, não num súbito acesso de loucura, mas como escolha refletida e consciente, sem perder totalmente (como veremos logo a seguir) o contato com o mundo. Por isso, sua presença naquele lugar tem um valor de "mediação" entre o doméstico e o selvagem, a cultura e a natureza (natureza que, quando se torna objeto de escolha consciente, torna-se ela própria cultura).

O eremita tem todas as condições para ser um "signo" da civilização temporariamente repudiada por Ivã. Para começar, ele "está preparando o terreno": quer cultivar algo para sua alimentação cotidiana, talvez alguma verdura para acompanhar o pão, que, sabemos, adquire em algum lugar (eis o indício de uma relação não interrompida com o "mundo"). Quando vê Ivã aproximar-se, fica muito assustado: aquele homem totalmente nu não parece ter o dom da razão. O eremita vai se fechar às pressas em sua cabana, mas, movido pelo espírito de caridade, oferece ao insólito visitante tudo o que tem: pão e água, que coloca no beiral da pequena janela.

Ivã mostra que aprecia o gesto: aproxima-se, agarra o pão e lhe dá uma mordida. Parece-lhe "rústico e grosseiro", mas a fome terrível faz com que o devore inteiro. Assim, "come todo o pão do eremita, que lhe parece bom, e toma água fresca do cântaro".

Terminando de comer, "entra novamente na floresta à procura de cervos e veadinhos". O eremita, que o viu partir, "reza a Deus para que o preserve e proteja, mas nunca mais o traga novamente para aqueles lados". Prece não atendida: durante oito dias seguidos — o tempo que durou sua loucura —, Ivã retorna à cabana do eremita, atraído pelo gesto do santo homem. Mas nunca volta de mãos vazias: todos os dias, coloca na soleira a carcaça de um animal capturado.

Assim vai-se construindo uma singular relação de colaboração, como uma espécie de refeição conjunta a distância: Ivã traz o animal, o eremita retira o couro, cozinha "na medida certa" e o deixa pronto para Ivã, junto com o pão e a água. A refeição do cavaleiro agora inclui pão e carne, mesmo que não temperada: "sem sal e sem pimenta." Mas, por ora, está bem assim. Como compensação por seu trabalho, o eremita fica com os couros dos animais, que vende para comprar pão — pão de eremita, entenda-se: "de cevada e aveia sem fermento."

Por meio dessa prática de partilha e sociabilidade, Ivã começa a voltar a si mesmo. Quando uma nobre e suas damas de companhia — símbolo do mundo "cortês" que o cavaleiro abandonou — o encontram adormecido na floresta, tem início o processo de reaproximação à civilização. Um unguento mágico, entregue à dama pela fada Morgana, completará a obra.

Aqui começam novas aventuras, entre as quais o encontro com o leão que dá título ao romance. Também a relação com esse animal selvagem — improvável presença no mundo de Brocéliande — se desenvolve sob o signo da comensalidade, que desempenha em toda a narrativa um papel decisivo no plano simbólico.

Ivã pensa que o leão vai atacá-lo e se prepara para enfrentá-lo. Mas o animal se aproxima dele "de modo nobre e cortês", com um gesto de submissão: "Estendeu as patas unidas para Ivã, inclinou a cabeça para o chão, ergueu-se sobre as patas traseiras e depois se ajoelhou em sinal de humildade, enquanto as lágrimas lhe banhavam o focinho." É quase uma homenagem feudal que o leão, em sinal de reconhecimento, concede ao cavaleiro: com efeito, um pouco antes, Ivã o salvara de ser mordido por uma grande serpente venenosa — uma espécie de dragão que vomitava fogo —, trespassando-a com uma espada.

Reembainhando a espada (que, nesse percurso da volta de Ivã à sua identidade guerreira, já havia substituído o arco e as flechas), o cavaleiro retoma o caminho. O leão fica ao seu lado: dali por diante, não o abandonará mais, acompanhando-o em todos os momentos "para protegê-lo e servi-lo".

Agora os dois vão juntos à caça. O leão abre caminho e fareja a presença de veação. Se seguisse o instinto, ele atacaria a presa para ter alimento, mas só conclui sua perseguição depois de receber a ordem de seu senhor: o leão se detém, olha-o, dá-lhe a entender que está no rastro de um animal, espera a ordem para se lançar; Ivã o instiga "como faria com um perdigueiro" — o leão se tornou seu cão farejador. Prontamente o leão retoma seu rumo, focinho ao vento.

Alcançando o corço no meio do pasto, agarra-o, derruba-o. Bebe o sangue ainda quente. Então, em vez de devorá-lo, "joga-o no lombo e o leva até o patrão".

Desce a noite, Ivã prepara o jantar. Esfola o veadinho, "corta o couro nos flancos e retira do lombo um belo filé". Não é mais o Ivã louco e selvagem, que comia a veação crua, nem o Ivã que fazia o eremita assá-la; o novo Ivã sabe preparar sozinho. "Faz fogo com uma pederneira e acende um galho seco. Depois enfia o filé num espeto e deixa assar bem, até ficar cozido no ponto certo."

Mas, agora que reencontrou o sabor da civilização, Ivã não está satisfeito: "Daquele alimento obtém pouco prazer, pois não tem pão nem vinho, nem sal nem toalha, nem faca nem qualquer outra coisa." Assar não lhe basta, precisa de mais: o sal que dá sabor, o pão que acompanha, o vinho que alegra. Depois do cru vem o cozido, depois do cozido o preparado — o alimento elaborado. Ainda não basta: gostaria de ter uma toalha, uma faca. Gostaria dos "bons modos" da sociedade de corte. Agora está tomado pela nostalgia do mundo civilizado.

O leão, enquanto isso, fica deitado diante dele. Enquanto Ivã come, durante o tempo todo, não deixa de olhá-lo, sem se mexer. Somente quando o cavaleiro acaba de se saciar com o suculento filé de corço, chega a vez do leão: "Devorou o que restava e não deixou sequer os ossos." É uma forma de comensalidade *sui generis*, que respeita as precedências hierárquicas. Mas continua a ser uma partilha, que recoloca os paradigmas da cultura feudal: o senhor escolhe antes do vassalo e come antes dele.

Agora é noite adiantada, Ivã adormece sobre o escudo. O leão vela por ele e pelo cavalo, que pasta o capim no prado ali ao lado.

A BRIGA POR QUATRO CEIAS

Uma controvérsia entre o bispo e os cônegos de Imola
Imola/Ferrara, 1197-1198

Em 8 de abril de 1198, no palácio episcopal de Ferrara, o bispo *Ugicio* e o prior da igreja de Ferrara Mainardino se reúnem (por ordem do papa Celestino III) para discutir e arbitrar uma briga surgida em Imola entre o bispo Alberto e os cônegos da catedral de São Cassiano: duas instituições — a maior autoridade religiosa da cidade e a comunidade de sacerdotes que sustenta a vida da catedral — estritamente ligadas uma à outra, mas em frequente conflito (não só em Imola) para afirmar a respectiva supremacia. A tramitação do processo se desenrola na presença dos procuradores das duas partes, o padre Abbate para o bispo, os mestres Aspetato e Guido de Mezzocolle para os cônegos. A conformidade dos procedimentos é garantida pelo escrivão Enrico.

A controvérsia consiste em uma complexa série de questões. Os cônegos afirmam que o dinheiro arrecadado antes pelo bispo Enrico e depois pelo bispo Alberto, com a venda de certos bens da catedral, deve ser utilizado no interesse comum e não só no do bispo. Reclamam nove libras de azeite que o bispo deve entregar anualmente para a preparação do óleo sacramental. Reivindicam a metade dos rendimentos da igreja de São Donato, injustamente confiscados pelo bispo; o dízimo sobre o vinho e o trigo pago pelos camponeses de Poggiolo e de Torano, dois vilarejos nas primeiras colinas em torno da cidade; a renda (em peixe e certa quantia de dinheiro) de uma propriedade entre os vales de Conselice.

Outras questões são de natureza refinadamente litúrgica (mas sempre com significativas implicações econômicas e de recíproco controle): a nomeação dos sacristãos encarregados da guarda dos panos sagrados, a ordenação dos clérigos e as taxas cobradas a eles, as causas matrimoniais, os juramentos de fidelidade prestados por clérigos e laicos. Por fim, os cônegos intimam o bispo por não conservar mais o sino, símbolo da comunidade e do poder eclesiástico.

Tratava-se, provavelmente, do sino da catedral, a qual fora destruída pelas tropas imperiais e pelos imolenses em 1175: episódio culminante do conflito que, por mais de um século, opusera a comunidade de Imola ao seu bispo. Fazia tempo que os cidadãos tentavam obrigar o bispo a retornar à cidade, abandonando sua residência no castelo de São Cassiano, a poucos quilômetros adiante dos muros, que fora edificado no início da Idade Média e se tornara no século XII um centro de poder antagônico a Imola e aliado a seus inimigos, as cidades de Bolonha e de Faenza. Graças também ao apoio do imperador Frederico Barba Ruiva, a "cidade antiga" (como chamavam Imola, nascida na época romana com o nome de *Forum Cornelii*) finalmente prevaleceu e conseguiu a destruição do castelo, com todas as suas habitações e os principais centros de governo: o palácio episcopal, a catedral, a canônica. No fim do século, teve início o abandono da área exterior aos muros, com a transferência da Igreja episcopal para Imola; a reconstrução (na cidade) apenas começara, as antigas estruturas agora imprestáveis.

Tal situação nos ajuda a compreender o desconforto e a incerteza que caracterizam a vida da Igreja imolense nesse período; a própria controvérsia entre bispo e cônegos, mesmo não sendo nada anômala na realidade da época — em vista da ambiguidade de uma relação construída ao mesmo tempo sobre a dependência e a autonomia entre as duas instituições —, tinge-se de nuances ligadas à realidade local. A disputa sobre o sino, em especial, está ligada à importância que aquele *objeto* assumira num momento em que as estruturas das edificações que antes o abrigavam (a igreja, o campanário) não existiam mais (e não existiam ainda).

As pretensões dos cônegos, expostas pelo prior em nome de todos, são violentamente contestadas pelo bispo, que por sua vez contra-ataca, reivindicando uma série de propriedades e de direitos usurpados: um terreno edificável abusivamente ocupado pelos cônegos, duas mós de moinho e dezesseis medidas de trigo; as rendas de terras concedidas em feudo ou em enfiteuse; os paramentos sagrados e todos os livros da biblioteca episcopal, atualmente em mãos dos cônegos. O bispo, ademais, reivindica a faculdade de ordenar sacerdotes, de discutir as questões matrimoniais e todas as causas que envolvam a qualquer título o direito canônico. Ele quer sua parte do dízimo, das oblações, das rendas atualmente arrecadadas pelos cônegos, bem como os direitos de sepultura na igreja episcopal. Exige dos cônegos obediência e serviço, "assim como fazem os outros cônegos com seus bispos". Demanda ainda, em especial, que lhe façam a escolta a cavalo — a qualquer hora que seja solicitada — e que o sigam anualmente até Ravenna para as festas de São Vital e São Apolinário. A disputa chega a envolver as relíquias do santo patrono da Igreja imolense, São Cassiano, símbolo e instrumento do poder eclesiástico. Evidentemente os cônegos se haviam apoderado delas, guardando-as com grande zelo: o bispo pleiteia que não as escondam mais e as coloquem no local que ele próprio quer indicar.

A simples listagem dos motivos da pendenga basta para indicar a complexidade das relações entre as duas partes em questão, que envolvem realidades e problemas de natureza diversa como os interesses patrimoniais, o exercício do poder territorial, as práticas litúrgicas, o controle da comunidade religiosa.

A tudo isso se acrescenta uma questão que, à primeira vista, pode parecer de importância secundária: quatro ceias que os cônegos exigem do bispo. Mas logo se percebe que o argumento não é marginal: com efeito, ele ocupa o *primeiro* lugar na longa lista de reivindicações; além do mais, é exatamente para *este* tema que a maioria das testemunhas reserva os depoimentos mais detalhados.

No ano anterior, cônegos e bispo haviam apresentado ao tribunal da Igreja de Ferrara as testemunhas que julgavam úteis para suas respectivas causas. Os depoimentos, cuidadosamente registrados pelo escrivão Enrico, acrescentam detalhes sempre novos aos acontecimentos contestados, ajudando-nos a enxergá-los de modo concreto, vivo, teatral.

Entre os textos da parte dos cônegos, nada menos que 24 (quase todos) têm algo a dizer sobre a questão das refeições, definidas de vários modos: *procuraciones*, *prandi* ou, ainda, *comestiones*. Entre os depoentes, antes de mais nada, estão alguns cônegos: os padres Cristiano e Clario, o arcipreste Ildebrando, o clérigo Ugolino, os diáconos Gerardo e Arduino, o "convertido" Ildebrando. Seguem-se muitos outros personagens, ligados aos cônegos por laços de lealdade, dependência ou servidão.

O depoimento mais detalhado é o do padre Cristiano. Começa contando que se encontrava na paróquia de Santo Apolinário (o local, naquela época chamado de *Acquavia*, hoje se chama Cantalupo), quando o bispo Rodolfo disse a seu almoxarife, Gisone, para pegar a melhor *mezena* que tivesse e mandar entregá-la aos cônegos para a ceia de Natal, "que tinha de oferecer a eles". Ele próprio viu carregarem no lombo de um asno a *mezena* — o termo, ainda hoje em uso, designa a metade de um porco cortado ao comprido e salgado. Ao que lhe parece, haviam transcorrido 36 anos desde aquele episódio: ocorrera, portanto, em 1161, pouco depois que o imperador Frederico Barba Ruiva expulsara o próprio Rodolfo de sua sede, substituindo-o por um bispo favorável ao cisma que, naqueles anos, opunha o império ao papado.

Quanto a Rodolfo (bispo de 1146 a 1166), Cristiano lembra que o viu pelo menos duas vezes preparar quatro *comestiones* para os cônegos no decorrer de um mesmo ano. O bispo Arardo (1166-1174) também oferecera quase sempre as quatro ceias; quando se viu, por algum motivo, impossibilitado de fazê-lo, ressarciu-os com 25 dinheiros em moeda de Lucca. Lembra-se muito bem disso, diz o padre, porque foi exatamente naqueles anos que se tornou cônego da catedral. Num depoimento posterior, Cristiano acrescenta que o bispo Arardo oferecia a refeição aos cônegos mesmo quando estava doente. Depois, o castelo de São Cassiano foi destruído e o bispo se viu obrigado a abandoná-lo: desde aquele momento interrompeu-se o tradicional ressarcimento, que foi retomado seis ou sete anos mais tarde pelo bispo Enrico (1174-1193).

A destruição a que se refere Cristiano é a de fevereiro de 1175, quando — já o mencionamos — as forças imperiais, auxiliadas por tropas das cidades aliadas da Romanha, inclusive de Imola, arrasaram São Cassiano, ordenando aos habitantes que se transferissem para a cidade de Imola. Apesar disso, em 1181 o castelo foi reconstruído com a ajuda de Faenza e de Bolonha e os habitantes (a começar pelo bispo e pelos cônegos) retornaram para lá por algum tempo, antes de abandoná-lo definitivamente na virada da década.

Tendo voltado a paz — continua o depoimento de Cristiano —, o bispo Enrico restaurou o costume das refeições, eventualmente resgatadas com um montante em dinheiro. Quanto ao bispo atual, Alberto, Cristiano afirma que, logo que foi eleito (1193), ele enviou uma *mezena* para a ceia de Natal; depois, vinte moedas como ressarcimento de uma outra; então ofereceu uma refeição na Páscoa e uma para a festa do padroeiro São Cassiano, cuja data se celebra em 13 de agosto. Para concluir, Cristiano afirma que sempre ouvira os cônegos dizerem que têm direito a receber do bispo as quatro refeições; indagado a que título (*qua racione*) elas são solicitadas e atendidas, ele responde que se trata de uma prática consolidada pelo costume (*ex usu et ex consuetudine*) e que são oferecidas não só a todos os cônegos presentes na sede, mas à *família* inteira de seus dependentes e servos, além dos "fabricários" (os administradores dos bens da igreja). Os cônegos, por seu lado, forneciam o necessário para a preparação das mesas (*pro apparatu*).

Outro depoimento rico em detalhes é o do arcipreste Ildebrando, cônego há 25 anos. Durante os últimos tempos do bispado de Arardo, participou de todas as refeições oferecidas aos cônegos no castelo de São Cassiano: quatro por ano, durante dois anos seguidos, depois apenas duas, na Quinta-feira Santa e no dia de Páscoa. Saltou-se a ceia do Natal anterior devido à ausência do bispo: mas isso ocorreu — especifica Ildebrando prontamente — com a anuência dos cônegos; de outra forma, surgiria um *Magnum rumorem* entre eles. A partir de 1174, com o bispo Enrico, o costume das quatro ceias anuais prosseguiu por algum tempo; depois — como já sabemos —, teve de se interromper devido à destruição do castelo. No período que antecedeu à reconstrução (isso o padre Cristiano não havia dito), o bispo ofereceu uma ceia aos cônegos na paróquia de São Lourenço em Imola (essa igreja, no longo período da ausência do bispo, foi o centro da identidade citadina e municipal, uma espécie de alternativa ao episcopado ausente).

Também é nova a informação de que, tão logo se concluiu a paz, o bispo pôde voltar imediatamente ao local destruído do castelo, para a festa de São Cassiano, e quis preparar a mesa para os cônegos, improvisada sob uma cobertura montada às pressas. Assim, a ceia se tornava a ocasião para retomar a posse da área do castelo e reafirmar seus direitos sobre ela, ratificando-o como sede do poder episcopal, contra as pretensões da "cidade antiga" de absorvê-lo em si (as quais virão a se concretizar mais tarde). É, portanto, um sinal dirigido sobretudo aos imolenses, que nos anos anteriores haviam abrigado o tradicional banquete do bispo com os cônegos dentro dos muros da cidade, em São Lorenzo.

As ceias posteriores se realizaram na igreja de São Cassiano, provisoriamente reorganizada — não nos surpreendamos ao ver uma ceia preparada dentro do próprio edifício sacro: na Idade Média, ocorria com frequência. A testemunha lembra que, naqueles anos, o bispo viajava muito e não raro estava ausente: nesses casos os cônegos o eximiam (mas confirmando, por isso mesmo, seus direitos de exigir a ceia). Uma vez, como recompensa por uma ceia não celebrada, o bispo mandou levar um porco inteiro aos cônegos.

Quanto aos acontecimentos posteriores, Ildebrando confirma o depoimento de Cristiano, e outros mais também se referem a eles. Indagam-lhe a que título os cônegos pretendiam o fornecimento das *comestiones*. Ele também recorre ao costume, confirmando que, além dos cônegos, os integrantes de seu *entourage* sempre participaram das ceias.

Seria longo e maçante repercorrer todos os depoimentos que as testemunhas da parte dos cônegos dão ao escrivão do bispo de Ferrara. Alguns detalhes, porém, merecem ser assinalados, pois acrescentam novos ângulos e detalhes ao quadro até aqui desenhado. A própria meticulosidade ao reconstruir histórias de ceias realizadas ou não, de porcos e meios porcos entregues como compensação, permite entendermos a importância do tema.

Por exemplo, o clérigo Ugolino conta que, nas ceias de que participou, havia a presença de todos *os familiares* dos cônegos em boa saúde; aos outros, que não podiam ir por alguma indisposição, o bispo mandava entregar em casa "o que fosse necessário para eles comerem". Especialmente precioso, por atestar a antiguidade do costume, é o depoimento de Graziadeo vulgo Marutto, um "meeiro" dos cônegos, ou seja, um camponês que trabalhava nas terras deles com a obrigação de morar no local. Ele é a única testemunha com memória remontando aos tempos do bispo Randoino (1140-1146) e até de Benone (1126-1140), e relembra que ambos ofereciam aos cônegos quatro ceias anuais. Assim, fazia pelo menos sessenta anos que ele participava da vida dos cônegos: em certas ceias estivera pessoalmente; outras, presenciara de fora; de outras ainda, apenas ouvira falar. Seu depoimento é confirmado por outro velho camponês, Albertino de Diana, mas que retrocede além dos tempos de Randoino.

Agora é a vez das testemunhas da parte episcopal: cerca de trinta, entre membros da hierarquia eclesiástica, homens da cúria episcopal (administradores, cortesãos, pessoal de serviço), ex-moradores do castelo de São Cassiano ou de localidades nas redondezas. Também abordam o tema das ceias de modo preciso e pormenorizado, mas, em geral, com o objetivo de redimensionar e minimizar o compromisso, ressaltando o caráter irregular e variável das ceias fornecidas pelos bispos aos cônegos.

Disalbergato, por exemplo, afirma que os bispos Rodolfo e Enrico às vezes ofereciam a ceia, às vezes não; em todo caso, nenhum ofereceu mais do que duas no mesmo ano. Baldovino, que fazia parte da cúria episcopal no tempo de Bennone, declara que sempre esteve com ele nas festas de Natal, Quinta-feira Santa, Páscoa e São Cassiano (os dias das presumidas ceias) e que o viu oferecer apenas uma ceia ao todo. O arcipreste Guido lembra que o bispo Rodolfo em alguns anos fornecia uma ceia, em outros, duas. O padre Giovanni de Conselice, que morou com um tio cônego por nove anos, na época de Arardo e depois de

Enrico, afirma ter assistido a vinte ceias ao todo e nunca quatro no mesmo ano. Ughetto de Bagnara declara que o bispo Arardo jamais ofereceu mais do que duas ceias no mesmo ano e em sete anos forneceu somente cinco — sabe bem disso, pois sua casa era vizinha da canônica e "os cônegos não podiam sair sem que ele os visse". Quanto ao bispo Enrico, por fim, não o vira oferecer mais do que nove ou dez ceias em dezoito anos. Um certo *Pelukinus* confirma: não mais do que cinco ceias em nove anos — e ele não tem como se enganar, pois naquela época "morava na casa junto com ele".

Mais ou menos do mesmo teor são os outros depoimentos: quem diz ter visto ou ouvido falar deste ou daquele bispo que oferecia uma, duas ou três ceias; quem afirma não saber de nada; quem admite que não lembra bem o número das ceias e sua distribuição temporal: "não sei quantas", "não sei quando"...

Fumaça nos olhos? Tentativa de confundir as ideias dos juízes? Diríamos antes que é uma estratégia para sugerir a ideia de uma realidade irregular, elástica, não codificada. O cerne do problema não é a quantidade de ceias (questão não insignificante, porém, como logo veremos), e sim a obrigatoriedade ou não do costume. Seu *significado*. Se, como sustentam muitas testemunhas, a ceia era oferecida de forma esporádica, ora sim, ora não, ora com frequência, ora raramente, sem necessidade de prestar contas a ninguém, isso indicaria que se tratava de um gesto de cortesia, que expressava não uma *obrigação*, mas uma *livre escolha*, determinada pelas circunstâncias e pela vontade do bispo.

O "curial" Grimaldo é muito explícito a esse respeito: afirma que sempre esteve presente quando o bispo Enrico e seu sucessor Alberto ofereciam ceias aos cônegos e a seus homens, não só administradores e pessoal doméstico, mas também concessionários de suas terras, ligados aos cônegos por vínculos de fidelidade. Uma multidão, ao que parece: mas Grimaldo insiste em que todos eles participavam da ceia somente se o bispo assim o quisesse. Mesmo a escolha do cardápio (*cibaria*) cabia ao bispo. Tudo isso sob a égide da benevolência e da magnanimidade — tanto é que, se os cônegos engrossassem a voz e *exigissem* a ceia, o bispo não a concedia, ao passo que, se a acolhiam como dádiva, ele anuía de bom grado: "Quando pediam, não a dava; mas, se não pedissem, dava-a com benevolência."

O mesmo valia para aquilo que os cônegos e suas testemunhas haviam definido como "recompensa", ressarcimento por ceias não recebidas: Grimaldo sabe perfeitamente que o bispo Alberto mandou entregar-lhes uma *mezena* de porco, mas também sabe muito bem que ele o fez "por caridade e benevolência, e não por alguma recompensa". Ele próprio lhe solicitara que o fizesse.

E não só. Por ocasião das ceias — continua Grimaldo —, os cônegos deviam fornecer o necessário para a cozinha e para o refeitório: panelas para cozinhar, correntes para sustentá-las sobre o fogo, toalhas, mesas. Na qualidade de despenseiro ou "prefeito" do bispo, era ele o encarregado de reunir e preparar o material. E também os pratos, as jarras e as canecas, acrescentam outras testemunhas. Todo o *apparatus*. Os cônegos tinham ainda outra obrigação: cantar a missa para o bispo naqueles dias. Se se recusassem a fazê-lo, o bispo lhes negava a ceia.

O problema, nessa altura, está claro. A disputa gira principalmente em torno do valor simbólico das ceias: se são sinal do poder episcopal ou do poder dos cônegos. Se *devem* ser oferecidas, como sinal de reconhecimento da autonomia e do prestígio do capítulo catedral, ou se *podem* ser oferecidas como sinal da "paternidade" e da supremacia do bispo, de seu direito de decisão e de controle também sobre a vida interna do capítulo.

Ademais, não se deve negligenciar o aspecto material do episódio. Para além das questões de princípio que constituíam o eixo da discussão, o bispo de Imola tentava restringir o peso de um costume que dificilmente se poderia negar. Portanto, o *número* das ceias, sobre o qual muitas testemunhas insistiam, e a *quantidade* de alimento fornecido. Não é à toa que Grimaldo, talvez a principal testemunha apresentada pelo bispo, reafirma que os cônegos não podem solicitar pedidos específicos nem "receber outros alimentos, a não ser aqueles que o bispo quer oferecer".

Com efeito, preparar uma ceia daquele tipo não era coisa de pouca monta. Os convidados eram numerosos e — podemos ter certeza — de bom apetite. Além dos cônegos, que provavelmente eram doze, podia haver dezenas de convidados, entre dependentes e administradores, homens de confiança e camponeses, talvez acompanhados por algum parente, como muitas vezes aflora nas declarações das testemunhas. Se ainda acrescentarmos os homens do bispo, é inevitável imaginar uma mesa bastante numerosa e exigente.

Quanto tudo isso custava ao bispo? Difícil dizer, mas podemos ter uma ideia dos mínimos e dos máximos: no processo de Ferrara, os cônegos pedem trinta liras, isto é, seiscentas moedas, como ressarcimento por dez ceias não ocorridas (o que daria sessenta moedas por ceia); vinte ou vinte e cinco moedas constam como pagamento esporádico do bispo para compensar uma ceia: naquele período, era o custo aproximado de metade de um porco. Em termos econômicos, o "valor" daquela ceia devia se situar entre este mínimo e aquele máximo.

Nossos documentos não especificam o que se comia naquelas ocasiões. Haveria um cardápio fixo — digamos, ritual — ou decidia-se a cada vez? Talvez seja lícito tendermos para a primeira hipótese, caso o desejo do bispo de escolher pessoalmente os alimentos, segundo o testemunho do "prefeito" Grimaldo, signifique que normalmente ocorria o contrário. A compensação com a *mezena* de porco, que pelo menos cinco testemunhas viram ser entregue aos cônegos por conta do bispo, também parece sugerir um elemento fixo do cardápio ao longo do tempo. Embora o valor desse presente seja sobretudo simbólico, não podemos deixar de pensar que tal "representação" guarde relação com o conteúdo real da ceia — isto é, que a carne de porco tem um papel de primeira importância. Não seria de admirar, visto que o porco é *a* carne por excelência na Idade Média e que a carne é sempre protagonista nas refeições festivas, como as reivindicadas pelos cônegos.

Chamado para resolver a briga entre o bispo e os cônegos imolenses, o bispo de Ferrara escolhe a via da conciliação. Ouvidas as razões, as alegações, as provas das partes litigantes, ouvido o parecer de vários "sábios" e considerados os usos das igrejas próximas, levando em conta mais a mútua vantagem e o costume (*consuetudo*) do que as regras escritas, ele analisa ponto por ponto os termos da controvérsia. Em alguns, dá razão aos cônegos; em outros, ao bispo; em outros ainda, tenta mediar. Para a questão das ceias, o bispo é condenado a fornecer duas anualmente, na Quinta-feira Santa e no dia de São Cassiano. Os cônegos, por seu lado, devem auxiliar ao bispo nesses mesmos dias, nas funções das vésperas e das matutinas e nas celebrações da missa. É, de fato, uma conciliação, tanto material quanto simbólica.

Do ponto de vista material, a pretensão dos cônegos de receber quatro *procuraciones* por ano fica cortada pela metade. Outro fator limitante parece ser a especificação que se segue: a ceia será oferecida aos cônegos e a todo o pessoal "que mora com eles no presbitério". Tem-se, pois, a exclusão de qualquer convidado externo, para evitar excessiva aglomeração à mesa.

Do ponto de vista simbólico, à primeira vista o bispo parece derrotado: *deve* fornecer as ceias, é obrigado a fazê-lo porque é direito dos cônegos recebê-las. Dificilmente a sentença poderia negar esse direito, depois que as próprias testemunhas da parte episcopal admitiram que "é de pública fama que o bispo deve oferecer uma ceia aos cônegos". Porém os cônegos também *devem* fazer certas coisas naquelas circunstâncias: celebrar os serviços litúrgicos com o bispo, fornecer (como já sabemos) o aparato para preparar as mesas.

Tudo assume o aspecto de uma obrigação recíproca: a sentença tende a recolocar num plano horizontal, de paridade e reciprocidade, uma situação que ambas as partes haviam tentado "endireitar" em sentido vertical, cada qual colocando a si mesma no topo, negando a relação de colaboração para instituir uma relação de superioridade/subalternidade. Então, talvez não seja um acaso que as duas ceias "cassadas" pelo tribunal eclesiástico de Ferrara tenham sido as do Natal e da Páscoa, datas tradicionais em que meeiros, concessionários de terras, camponeses dependentes deveriam entregar donativos aos proprietários, em sinal de reconhecimento de sua qualidade de *domini*, "senhores" social e juridicamente superiores. Isso também ocorria com os cônegos imolenses, os quais, por exemplo, em 1243 receberam de um certo Guido um valor em dinheiro "para a ceia que devia fornecer aos *domini*".

Natal e Páscoa eram datas rituais mais passíveis de interpretações que remetiam à lógica do poder e da dependência; também por isso, talvez, as duas datas são excluídas da relação convivial entre bispo e cônegos, enquanto permanecem as mais adequadas ao significado que se quer dar a elas: a Quinta-feira Santa, quando a ceia do bispo com os cônegos (doze!) se torna imagem da ceia de Cristo com os apóstolos, reproduzindo a relação de fidelidade dos discípulos com o Mestre, o amor do Mestre para com os discípulos; a festa de São Cassiano, padroeiro da Igreja imolense, fiador de uma unidade institucional que as disputas e os interesses de cada parte ameaçam comprometer. A sentença sobre as ceias também visa restabelecer uma relação correta e equilibrada entre instituto episcopal e instituto canonical, afirmando a necessidade de uma colaboração que, entre outras coisas, permanecerá sempre problemática.

A história dos cônegos imolenses e de sua difícil relação com o bispo, que se tornou especialmente delicada devido à incerteza que, naqueles anos, reinava sobre os acontecimentos da cidade de Imola e do castelo de São Cassiano, não é, contudo, excepcional. Encontram-se outros processos similares entre as atas dos tribunais eclesiásticos, como aquele que contrapôs, também no século XII, os cônegos de Santo Ambrósio de Milão aos monges que comandavam a mesma igreja. Tradicionalmente, os monges deveriam oferecer aos cônegos uma ceia para a festa de São Sátiro (17 de setembro) e, também nesse caso, o ressarcimento da ceia foi objeto de brigas e discussões, pois o abade Martino, a certa altura, decidiu passar por cima do costume, que impunha uma sucessão ritual de pratos, reservando a escolha dos alimentos a seu próprio juízo (aqui também parece clara a semelhança com o caso imolense). Os cônegos se erguem e levam a causa ao arcebispo de Milão, sustentando terem direito a uma ceia de nove pratos, subdivididos em três rodadas. Os números falam por si só: três rodadas de três pratos, um valor caro à simbologia cristã. Mas, para além dos símbolos, os cônegos reivindicavam um cardápio preciso: como primeira rodada, carnes frias de frango e porco e canela marinada no vinho; como segunda, frangos recheados, uma torta de carne ao forno e carne de vaca com molho de pimenta; como terceira, frangos assados, lombos empanados em farinha de pão e leitões recheados. Em 1191, um tribunal especialmente instituído pelo pontífice condenou os monges a restaurar o costume e a ressarcir as ceias ultimamente não atendidas (ao custo médio de uma moeda por convidado).

Prestem, pois, atenção, se convidarem assiduamente alguém à mesa.

O ALIMENTO E A FESTA

O Natal de São Francisco
Rivotorto, 1223-1226

Francisco de Assis tinha especial devoção pela festa de Natal: "Acima de todas as outras solenidades, celebrava com inefável zelo o Natal do Menino Jesus", chamando-a de "festa das festas". A imagem de Deus feito homem entre os homens, pequenino infante que se aleita ao seio de uma mulher, enchia-o de ternura e — escreve Tomás de Celano, na segunda biografia dedicada ao santo — fazia-o balbuciar "palavras de doçura como uma criança". Esse nome, "Natal", era-lhe doce como favo de mel. Foi precisamente Francisco, segundo a tradição, quem realizou em 1223, em Greccio, a primeira representação viva da natividade — o primeiro presépio da história.

Na Idade Média, como sempre, toda festa — e imagine-se a "festa das festas" — deve ser honrada na mesa, com um banquete especial. A especial abundância e qualidade do alimento serve para marcar o evento e sua *singularidade*. Serve para unir os membros da comunidade, para reforçar os vínculos de solidariedade e de pertença. Serve para agradecer a Deus por suas dádivas, pelo pão de cada dia que nos permite realizar nossa passagem terrena com alegria e segurança. A refeição festiva, portanto, assume significados complexos, de grande intensidade emocional. Não é por acaso que as regras monásticas proíbem a prática do jejum nos dias de domingo, quando o regozijo do viver deve sobrepujar o desejo de mortificação. O próprio consumo de carne, normalmente vetado pela espiritualidade monástica, é não só permitido, mas até recomendado nesses dias. O Natal é a data por excelência do consumo de carne — e também por isso vem precedido por uma "vigília" estritamente magra.

Em comparação à tradição beneditina, Francisco não é tão obcecado pelo tema do alimento e da gula. Abster-se do prazer de comer é certamente um mérito, mas são outros os valores sobre os quais ele insiste: a caridade, em primeiro lugar — em relação aos outros e em relação a si mesmo. Há um episódio exemplar narrado na *Lenda perugina*. Uma noite, no eremitério de Rivotorto, enquanto Francisco e seus companheiros descansam, de repente ouvem-se gritos: "Estou morrendo! Estou morrendo!" Todos acordam assustados; Francisco manda acenderem uma vela e pergunta quem gritou. "Fui eu", diz um irmão. Preocupado, Francisco pergunta: "O que se passa, irmão? Do que estás morrendo?" O outro implora: "De fome!"

Francisco não hesita: manda imediatamente prepararem a mesa e ordena a todos que se levantem, para compartilhar a refeição. Não quer que o irmão coma sozinho, para lhe poupar o constrangimento de sentir vontade de comer, rompendo a dura abstinência à qual se votara. A mensagem é clara: a caridade, a compreensão, a solidariedade valem mais do que a penitência.

Assim que terminam a insólita refeição noturna, Francisco explica em termos claros: "Assim como devemos nos refrear do excessivo comer, nocivo ao corpo e à alma, da mesma forma, e até mais, devemos evitar a excessiva abstinência, pois o Senhor prefere a misericórdia ao sacrifício." E recomenda que não voltem a ocorrer episódios semelhantes e que cada qual, nos limites concedidos pela opção da pobreza, saiba levar em conta sua própria condição física e "conceda a seu corpo o que lhe é necessário".

Voltemos ao Natal e à narrativa de Tomás de Celano. Ora, aproximando-se a grande festa, um dilema atormenta os companheiros de Francisco: o próximo Natal, dali a poucos dias, cairá numa sexta-feira. O que fazer, então? Dar prioridade à abstinência da sexta-feira (o dia "magro" por excelência) ou à obrigação de celebrar uma festa com uma lauta ceia à base de carne? A discussão se acende e, não chegando a uma conclusão, os irmãos decidem perguntar diretamente ao mestre. Um deles, Morico, encarrega-se de ir falar com ele. Francisco parece quase se zangar: "Pecas, irmão", diz ao frei Morico, "ao chamares de sexta-feira o dia em que para nós nasceu o Menino." Perante um dia como esse, não há sexta-feira que resista. A festa vem antes de tudo e concebê-la de outra maneira é *pecado*. Não há nenhuma dúvida, nenhuma alternativa possível.

Francisco — explica o biógrafo — imaginava para o Natal um grande banquete geral. Queria que, naquele dia, "os pobres e os mendigos fossem saciados pelos ricos", e que mesmo os animais comessem mais: "Que os bois e asnos recebessem uma ração de alimento e feno mais abundante do que o habitual." E consta que teria dito certa vez: "Se eu puder falar ao imperador, suplicarei que lance um édito geral, pelo qual todos os que tenham recursos espalhem trigo e grãos pelas ruas, para que num dia de tanta solenidade os passarinhos e especialmente as irmãs cotovias possam tê-los em abundância."

Bois, asnos, cotovias... A visão de Francisco abrange toda a criação. No dia em que Morico vai consultá-lo, seu desejo de sociabilidade atinge ápices paradoxais. "Quero que num dia como este até as paredes comam carne", diz ele, mas, como não é possível, "que pelo menos sejam espalmadas pelo lado de fora". A imagem do Natal como festa universal se transforma numa espécie de banquete cósmico, que reúne todos os seres do universo, homens ricos e pobres, animais da terra e pássaros do ar e até as coisas inanimadas, como as paredes, se dela pudessem participar.

A FUMAÇA E O ASSADO

O estranho pleito de Fabrat, cozinheiro sarraceno
Alexandria do Egito, século XIII

Esta história, provavelmente de origem árabe, é narrada pelo *Novellino*, uma seleção de contos, apólogos e episódios compilados por um escritor florentino anônimo no fim do século XIII, extraídos das tradições narrativas de diversos países. É ambientado em Alexandria, no Egito, e se desenrola entre as ruelas da cidade onde os "sarracenos" oferecem "comida para vender" de tantos tipos e qualidades que o viandante pode escolher, a gosto, "os mais puros e delicados".

Numa segunda-feira — a curiosa especificação do dia, supérflua para os fins da narrativa, tende a dar maior credibilidade e autenticidade ao fato —, um desses cozinheiros sarracenos, chamado Fabrat, está trabalhando em sua cozinha e vê um pobre se aproximar "com um pão na mão". É alguém do lugar, também "sarraceno". Como não tem dinheiro para comprar outro alimento, ele segura o pão sobre a panela e intercepta a fumaça que sobe: "Inebriando o pão com a fumaça que sai da comida", come-o até o último bocado.

Naquela manhã, Fabrat vendeu pouco e não está de bom humor; dirige-se ao pobre com grosseria, dá-lhe um puxão e diz: agora me paga "por tudo o que pegaste de meu". O pobre se defende: desculpa-me, mas não peguei nada de tua cozinha a não ser fumaça. Fabrat não desiste: paga-me por aquilo que pegaste.

A discussão continua. A questão levantada pelo cozinheiro é totalmente inédita, começam a comentar o caso nas redondezas e o próprio sultão, sentindo-se curioso e estimulado pela dificuldade do caso, decide cuidar dele: reúne seus "sábios" e encarrega-os de estudar o problema. Imediatamente se delineiam duas escolas de pensamento. Alguns consideram que a fumaça não pertence ao cozinheiro, porque não é de fato um alimento e não nutre, "e não tem substância nem propriedade que seja útil": o pobre não deve pagar nada mesmo. Outros observam que a fumaça, em todo caso, está "unida com a comida" por ser gerada pelas propriedades do alimento, e ainda é propriedade do cozinheiro, visto que não a vendeu: seria correto que lhe pagassem o trabalho.

"Muitas sentenças houve" e finalmente sai o veredito. O parecer dos sábios é que se paguem os alimentos "segundo seu valor". Se o cozinheiro vende o produto da sua cozinha "dando a útil propriedade dele", deve receber algum valor em retribuição; mas, visto que vendeu fumaça, "que é a parte sutil da cozinha", a justa retribuição será fazer ressoar uma moeda, e "entenda-se o pagamento realizado pelo som que sai dela". Assim, o sultão determina que o pobre faça retinir no chão uma moeda, a qual ele mesmo lhe emprestará.

O divertido apólogo contém sutis implicações filosóficas. Por trás da discussão entrevê-se a herança do pensamento aristotélico, o qual durante séculos, na Idade Média, ficou sob a guarda do mundo árabe, antes de restituí-lo à cultura europeia. Vislumbra-se em especial a distinção de Aristóteles entre atributos *essenciais* e *acidentais* do mundo físico. Essencial é o que pertence estruturalmente, ontologicamente ao objeto. Acidental é o que o configura de modo ocasional, somente em determinadas circunstâncias.

O que os "sábios" aconselham ao sultão é distinguir com clareza os dois planos: se falamos de cozinha e de alimento, a fumaça deve ser entendida como atributo acidental — exatamente da mesma forma que é acidental o som da moeda lançada ao chão: produzido pelo objeto, mas extrínseco a ele. A essência do alimento, sua qualidade nutritiva intrínseca, transmite-se pelo sabor e apenas ao ser incorporada.

É o que nos explica um pequeno tratado de cunho aristotélico, mais ou menos contemporâneo do *Novellino*, dedicado aos cinco sentidos e em especial ao gosto, que percebe e avalia os sabores. Intitula-se *Tractatus de quinque sensibus sed specialiter de saporibus* — ou mais simplesmente, em outro manuscrito, *Summa de saporibus*. O autor anônimo começa explicando que a natureza das coisas — classificada segundo a tradição antiga, pelas quatro qualidades de "quente" e "frio", "úmido" e "seco" — pode ser conhecida principalmente pela cor, pelo odor e pelo sabor, ou seja, por meio da visão, do olfato e do paladar.

A audição não permite esse conhecimento, visto que o som emitido por um objeto não pertence à sua "essência" (a história do cozinheiro e do pobre sarraceno parece escrita expressamente para confirmá-lo). O tato é enganador, tendo sempre o risco de perceber as qualidades das coisas de modo alterado (dá-se aqui o exemplo da água, de natureza "fria" mesmo quando, aquecida por calor alheio, pode parecer de natureza oposta). A visão também é sujeita a erros: por exemplo, vemos uma coisa branca e acreditamos que seja "fria", enquanto pode ser "quente", como ensina o caso do alho. O olfato funciona melhor, pois penetra em maior profundidade na natureza das coisas, embora de modo intermitente e imperfeito (isso também justifica o debate dos "sábios" do sultão). Por fim, o olfato está mais próximo do paladar como capacidade de conhecimento, e certamente não é por acaso — como ensinam as experiências e pesquisas fisiológicas — que ele contribui de maneira decisiva para a construção dos sabores (tampando-se o nariz, o melhor sabor tende a desaparecer). Com efeito, é o paladar que, através dos sabores, conhece a realidade exterior da forma mais completa e fidedigna. Por meio do paladar, podemos identificar "plena e perfeitamente" a natureza ou "constituição" das coisas, pelo simples motivo de que ele *entra* nelas, absorve suas propriedades, "mescla-se totalmente a elas".

O principal motivo de interesse das reflexões antigas e medievais sobre os sabores reside no fato de reconhecerem *nos próprios sabores* as qualidades da coisa degustada. O sabor não é acidente, mas essência. Exprime e revela a essência das coisas e é um formidável instrumento de conhecimento. *Sabor e saber*: as duas noções se sobrepõem no limite da identidade, e por isso têm a mesma raiz.

UM CONVITE PARA O SENHOR PANCIA

Duas refeições e um insólito pagamento da terra
Asti, 1266

Quarta-feira, 20 de outubro de 1266, em Asti, Michele Copparino e Anselmo Focaccia de Govone comparecem diante do escrivão Oberto de Cesi afirmando serem arrendatários de um certo *dominus Pancia* — o nome constitui, por si só, um programa inteiro [Pancia = Pança] e a sequência irá confirmá-lo. Devem-lhe um censo anual (nós diríamos um valor de arrendamento) por determinadas terras que ocupam. Evidentemente, havia surgido algum tipo de discussão sobre o valor do arrendamento, visto que as partes consideram adequado especificá-lo preto no branco. A correção legal dos procedimentos é assegurada pela presença de um juiz, Lorenzo Bucintoro, representante de Guglielmo di San Nazario, prefeito de Asti. No rol das testemunhas que assinam a ata, constam um Giacomo, um Morando, um Bartolomeo e o senhor Oberto *de platea*.

A lista das propriedades que Pancia confiou a Michele e a Anselmo é longa: um lote de terra de lavoura e pasto, oito lotes de terra de lavoura, um espaço habitável onde se encontra uma casa cercada por um terreno (talvez onde um dos dois ou ambos morem, na localidade de *Mayrano*) e também três outros terrenos aráveis. Ao todo, formam uma área de 34 "jornadas" — medida utilizada até hoje no Piemonte para indicar a superfície que uma parelha de bois consegue arar ao longo de um dia: hoje corresponde a cerca de 3,8 mil metros quadrados.

A posse dos dois é em caráter perpétuo: na Idade Média, eram frequentes tais contratos, que de fato alienavam a propriedade, garantindo ao proprietário "eminente" (aquele que continuava formalmente como proprietário) uma renda de baixo valor econômico, mas que ligava os ocupantes ao *dominus* por um vínculo de fidelidade. O pagamento exigido para a concessão é, nesse caso, bastante incomum: não uma soma em dinheiro, não uma cota de cereais ou outros produtos da terra, mas *duos prantios*, duas refeições, a serem preparadas duas vezes por ano — uma em janeiro, outra em maio — para o senhor Pancia e um companheiro (*socius*) que ele quiser levar consigo. A obrigação vale para Michele e Anselmo, bem como para seus herdeiros e, obviamente, estende-se para quem herdar os direitos de Pancia.

A esse ponto, o escrivão registra o cardápio. Determina com extrema precisão o que deverá ser preparado e servido naquelas refeições. Para começar, cada qual terá um limão (*citronum*). A seguir, duas libras de carne fresca e um prato de grão de bico branco. Depois, um capão assado para cada. Todos os pratos devem vir acompanhados por *salsas competentes*. Termina-se com seis castanhas e um "fruto do paraíso" — como se designava, na Idade Média, determinado tipo de maçã. Pão e vinho serão à vontade (de pão "o quanto puderem comer", de vinho "o quanto puderem beber") e de qualidade: o pão branco (*album*), o vinho bom, puro e límpido (*bonum purum et nitidum*). Não faltam indicações sobre a preparação da mesa: "Tudo deve ser servido sobre uma toalha branca e limpa."

Se os arrendatários faltarem ao compromisso, a posse dos bens retornará imediatamente a Pancia e seus herdeiros. Os concessionários, por fim, se obrigam a não deixar aquelas terras em herança a ninguém, nem homens nem mulheres, sem a autorização prévia do *dominus*.

Como conclusão da ata, o escrivão registra que Michele e Anselmo acordaram entre si que Michele se encarregará de dois terços das despesas para as supracitadas ceias, enquanto caberá a Anselmo arcar com um terço.

Temos, portanto, uma ceia ou, melhor, duas ceias, para duas pessoas, como "compensação" pela cessão dos terrenos aos dois homens por parte do *dominus Pancia*. Como fica claro, trata-se de um compromisso de conteúdo sobretudo simbólico, que não se resume à ceia em si, mas consiste na *obrigação* de ter de prepará-la. Com esse convite forçado, Michele e Anselmo admitem publicamente (*confessi fuerunt*, diz o documento) seus próprios vínculos de súditos em relação ao *dominus*. Mas, como o documento entra no mérito dos pratos, temos condições de fazer algumas considerações "técnicas".

O cardápio, evidentemente, é construído em torno dos pratos de carne, muito fartos se considerarmos que a cada comensal caberão duas libras de carne suína (quase um quilo) e um capão inteiro. Além disso, está previsto o grão-de-bico, outro alimento de grande teor proteico. Nenhum traço de verduras, que a cultura medieval associa principalmente ao mundo camponês e à dieta rústica: sua ausência, portanto, não surpreende. Não molhos quaisquer, mas *competentes*: aqueles "adequados", que as comidas requerem e, de certo modo, exigem.

A noção não é só gastronômica, mas também dietética. Os molhos, de fato, desempenham um papel essencial no "jogo das compensações" que rege as práticas e saberes da cozinha medieval, em estreita relação com a medicina e as ciências naturais. Se a alimentação serve não só à necessidade de comer e ao prazer, mas também à saúde, e se a saúde consiste acima de tudo no equilíbrio entre as qualidades constitutivas dos seres vivos (o quente e o frio, o seco e o úmido), a preocupação de um bom cozinheiro é, em primeiro lugar, garantir esse equilíbrio com preparações adequadas e combinações estudadas. Os molhos servem justamente para isso: equilibrar e compensar as qualidades de cada alimento. Conceitualmente, situam-se no ponto de confluência entre gastronomia e dietética; são, por assim dizer, o componente mais "farmacológico" de uma refeição. Em todo caso, são absolutamente indispensáveis: a cultura medieval nem sequer imagina que se possa servir carne sem *seu* molho, "aquele que lhe compete", que constitui seu complemento natural. Um sem o outro é algo impensável, e a sobreposição é óbvia a ponto de se tornar proverbial: numa crônica quatrocentista, comentando que um exército já chegou às muralhas de uma cidade e está a ponto de conquistá-la, diz-se que está próximo "como o molho à carne".

Podemos ter certeza de que é ainda a ciência dietética que guia a escolha das frutas que abrem a refeição de Pancia e seu convidado. Um limão para começar, seis castanhas e uma maçã para terminar. Uma fruta ácida para abrir o estômago — para estimular os sucos gástricos, diríamos nós, recorrendo a uma ciência *química* (como hoje se configura basicamente a ciência dietética) que não fala mais a linguagem da física. Frutas adstringentes e farinhosas para "selar" o estômago ao final da refeição. O frio no início (assim é classificado o limão nos textos de dietética), o quente no fim (a castanha e a maçã), porque a digestão — pensam os médicos da época — é uma espécie de cozimento que ocorre na panela do estômago, e todo cozimento precisa de calor.

O pão e o vinho, muitas vezes ignorados nas narrativas da mesa, aqui aparecem explicitamente e querem ser bonitos, além de bons. Branco o pão, límpido o vinho. A estética tem seu lugar nessa ceia, que se prescreve que seja servida sobre uma bela toalha branca.

DRESS CODE

Dante na corte de Roberto d'Anjou
Nápoles, 1309

Contavam-se muitas histórias sobre Dante Alighieri, o grande poeta florentino — célebre pela índole fogosa e pelo espírito sarcástico, não menos do que por sua refinadíssima arte —, obrigado a uma longa peregrinação entre as cortes da Itália depois de ser exilado de sua cidade. Entre as várias anedotas que floresceram em torno de sua pessoa, especial fortuna teve aquela que versa sobre um convite para cear, que lhe foi feito por Roberto d'Anjou, filho de Carlos II, rei de Nápoles, e que também veio a se tornar rei em 1309.

O lucano Giovanni Sercambi, no início do século XV, usa-o como tema para uma novela sua. Conta-nos que, "já tendo se espalhado o renome do discernimento do dito Dante", o novo rei logo quis conhecê-lo e recebê-lo junto a si, "para ver e ouvir seu discernimento e virtude". Então escreveu uma carta para Castruccio Castracani, senhor de Lucca, que dera acolhida a Dante e outros exilados florentinos; enviou outra carta ao próprio Dante, que decidiu aceitar o convite, "saiu de Lucca e andou tanto que chegou a Nápoles".

O trajeto da viagem ocorre por vias não lineares porque Dante, dadas suas relações tumultuadas com o partido guelfo, prefere evitar "terra onde a Igreja mandasse": por isso, não desce direto ao sul, mas atravessa os Apeninos e chega às Marcas, depois cruza-os de volta em direção a Nápoles. Chega à cidade bem na hora do jantar e se apressa para alcançar o palácio real. Conduzem-no prontamente até a sala do banquete, onde, vertida "a água nas mãos", os convidados já estão se acomodando à mesa.

Dante está vestido de maneira simples, "como costumavam fazer os poetas" (a imagem do intelectual *bohémien* certamente não é invenção do século XIX). Talvez não tenha tido tempo para trocar de roupa e se preparar — embora a observação de Sercambi pareça antes sugerir um costume, uma maneira habitual de se vestir.

O soberano está tomando lugar "à sua mesa", assim como os barões do reino. Pergunta sobre Dante, dizem-lhe que finalmente chegou. Na pressa de último instante, o pessoal de serviço da sala lhe designa assento "na cauda da mesa", no fundo de uma das últimas mesas, num lugar de pouca visibilidade e escasso prestígio. Um lugar onde mesmo o alimento podia ser mais modesto, visto que não se serviam os mesmos pratos a todas as mesas: a própria qualidade do alimento representava visivelmente as diferenças de classe. É o que bem expressa um poemeto de Cosimo Anisio, versejador não muito excelso do século XVI: "Naquela mesa chegaram peixes pequenos e outras miudezas, enquanto na primeira mesa foram servidos magníficos pratos."

O poeta — personagem notoriamente irascível — não gosta, julga que o rei Roberto faltou com seus deveres ao organizar uma hospitalidade tão distraída. Contudo, está com fome e decide ficar: "Tendo Dante vontade de comer, comeu." Mas, tão logo termina a refeição, levanta-se e vai embora, partindo imediatamente em direção a Ancona para voltar à Toscana.

Roberto, enquanto isso, demora-se à mesa, conversando com os comensais. Repentinamente lembra-se de que está com um convidado importante e pergunta onde está Dante. Respondem-lhe que já partira para Ancona. O rei lamenta não lhe ter as honras da casa e julga — corretamente — que Dante deve ter saído encolerizado. Ordena imediatamente que um mensageiro vá alcançá-lo antes de chegar a Ancona, para lhe entregar uma mensagem de desculpas. Dante, sendo alcançado, lê a carta e volta sobre seus passos.

Ei-lo novamente em Nápoles. Agora, veste-se "com belíssimas coisas" e se apresenta ao rei com grande cerimônia. Chega a hora de jantar e o rei lhe designa assento "na cabeceira da primeira mesa, que estava ao lado da sua". Um assento da maior importância, na geografia simbólica do banquete. A mesa ao lado da mesa real é a mais próxima do centro do poder, e quem a preside ocupa um lugar de honra que se concede a poucos. Dante, rodeado por altos personagens, regozija-se em lugar central da mesa.

Então começa o teatro. Chegam as comidas e os vinhos, e "Dante, pegando a carne, pelo peito e pelas roupas esfregava-a; assim também o vinho esfregava sobre as roupas". Os vizinhos de mesa se põem a cochichar: tudo bem que os intelectuais são estranhos, mas até a esse ponto! Esfregar a carne sobre si, derramar "o vinho e a sopa sobre as roupas" é comportamento realmente singular. Um humanista quinhentista, o lugano Bartolomeo Ricci, narrando essa história, enriquece o episódio com coloridos detalhes: "Em vez de levá-los à boca, Dante jogava os alimentos sobre as vestes, atirando-os ora de um lado, ora de outro; a carne cozida, pôs no braço; nos ombros, pendurou aves inteiras."

Voltemos a Sercambi. "Deve ser um pândego", comentam os ilustres vizinhos. Dante ouve, mas se cala. Seu plano está funcionando. É o próprio soberano que se dirige a ele: "Dante, o que é isso que te vi fazer? Considerando-te tão sábio, como usaste tanta grosseria?"

Dante não esperava outra coisa. "Sacra Majestade", responde, "reconheço que essa grande honra que agora concedeste, concedeste-a às roupas; e assim eu quis que as roupas fruíssem os alimentos servidos". E para quem ainda não tivesse entendido, explica: sou o mesmo do outro dia, com todo o meu discernimento, qualquer que seja ele. Mas no outro dia colocaste-me ao final da mesa porque estava malvestido; hoje, bem-vestido, colocaste-me à cabeceira.

O rei Roberto não se ofende com a censura, pois considera que foi feita com espírito e "honestamente" e, ademais, corresponde à verdade. Manda trazerem roupas limpas e roga a Dante para se trocar; feito isso, o poeta "comeu sentindo alegria porque havia demonstrado ao rei sua loucura".

Terminada a ceia e levantando da mesa, o rei chamou Dante de lado e se entreteve amavelmente com ele, "praticando sua ciência" e julgando-o ainda mais brilhante e sábio do que ouvira dizer. Pediu-lhe para ficar na corte por alguns dias, pelo prazer de conversar com ele.

AS INVENÇÕES DA FOME

Alimentos incomuns nos anos de carestia
Roma, 1338

Em muitas zonas da Itália, o ano de 1338 foi de grande fome. No ano anterior, no mês de agosto, um cometa surgira por três dias na Lombardia — presságio, sem dúvida, de fatos extraordinários que aconteceriam. Com efeito, ocorreram reviravoltas políticas, distúrbios em muitas cidades do Norte. E depois caprichos do clima: um inverno muito úmido e chuvoso. As doenças se multiplicaram: "Muitos reumatismos, muitos catarros entre as pessoas", anota a *Crônica* de um anônimo romano, que será nosso guia nesta narrativa. Muita neve, que recobriu por longos meses os telhados das cidades. Também a primavera e o verão foram particularmente chuvosos, a ponto de impedir que muitas pessoas saíssem de casa para seus afazeres. Os camponeses não conseguiam lavrar os campos, os grãos semeados — cereais e legumes — em grande parte se perderam, "porque se afogavam devido à excessiva umidade". Isso causou uma esterilidade geral da terra, que deu péssimas colheitas. E das colheitas ruins derivou uma fome tão horrível que parece difícil descrever e acreditar.

"Essa fome foi geral por todo o mundo." Nas cidades, a venda de cereais chegou a preços assustadores.

O cronista romano, que se apraz em comparar sua narrativa à de Tito Lívio, aqui relembra que o grande historiador também relatou as terríveis carestias ocorridas na Roma antiga, com assustadores episódios de suicídios coletivos — pessoas que, desesperadas, se jogavam no Tibre para não morrer de fome. "Em boa fé, isso não vi acontecer naqueles tempos", comenta nosso cronista, mas a falta de alimentos desfez os laços da moral: "Foram infinitas as mulheres que jogaram fora sua honra para ter pão";

outras, perante a fome "que tão terrivelmente batia", renunciaram a joias, cintos, ornamentos. Muitos, pelo pão, venderam casa, campos, vinhas, até a liberdade.

À falta de trigo e de pão, procuravam recursos de emergência. Muitos — prossegue a crônica em sua colorida linguagem popular — comiam "as couves cozidas sem pão". Os pobres recorriam aos cardos selvagens, "cozidos com sal e ervas do campo". Cortavam capim-do-prado "e as radículas do cardo marítimo", temperavam "com menta", cozinhavam e comiam. Andavam pelos campos mendigando nabos e houve pais de família que, de manhã, distribuíam aos filhos um nabo "de manducar à mó de pão" — para comer como se fosse pão.

Efetivamente, na época, os nabos eram um grande recurso da cozinha popular: algo semelhante ao que se tornaram as batatas na época moderna. Mas o tormento é sempre o mesmo: não poder comê-los *com o pão*. É esse o eixo do sistema alimentar, ao redor do qual gira todo o resto (chamado, não por acaso, de *companatico*: aquilo que vai junto com o pão). Alguns conseguiam até comer um pouco de carne, mas também "sem pão".

Não fosse pela chegada de um navio carregado de trigo, vindo de Pisa, "Roma inteira pereceria".

Também em Bolonha, onde o cronista se encontrava naquela época, aconteceram cenas de causar dó. Os habitantes dos campos se reuniam na cidade esperando conseguir comprar pão do Município, mas "como voltavam tristes, quando não o obtinham!". À noite ouvia-se gritar "Pão, pão": eram pessoas de certo nível social que se envergonhavam de aparecer mendigando à luz do dia. Comia-se de tudo: "peras secas e picadas, misturadas com farinha", cabeças e vísceras de animais e também o sangue.

Diante de tais testemunhos — não incomuns nas crônicas medievais —, nossa primeira reação é nos compadecermos dos homens e mulheres que atravessaram situações tão difíceis, dramáticas, às vezes funestas. Mas não nos detenhamos nisso. Pensemos também na extraordinária capacidade dessas pessoas de aproveitar qualquer mínimo recurso do território: aquilo que a maioria das crônicas se limita a chamar de "ervas e raízes", sem sequer nomeá-las, sugerindo a ideia de que reduzir-se a comer ervas e raízes colhidas aqui e ali é uma abdicação da humanidade, uma espécie de queda numa condição de vida sub-humana, se não decididamente animal.

Mas, se a essas plantas se dá nome — como na *Crônica* que estamos lendo —, tudo muda. O negativo se transforma em positivo, o drama em conquista, o desespero em *cultura*. Ainda mais se com esses recursos improvisados consegue-se cozinhar — sendo o cozinhar o primeiro sinal da cultura humana. Releiamos com atenção o texto do anônimo romano: falta pão, mas cozem-se cardos-selvagens com sal e o "capim-do-prado" (a bardana). O capim-do-prado e as raízes dos cardos marítimos são cozidos com menta. É uma cozinha de emergência, uma *cozinha da fome*, mas, mesmo assim, cozinha — uma cozinha que requer ainda maior inventividade e imaginação (em suma, mais cultura) do que de praxe. Uma cozinha que, apesar de tudo, continua a ter as regras: a menta servia, talvez, para corrigir o gosto acre das ervas silvestres.

A pesquisa e a valorização de recursos alternativos são possíveis na medida em que existe uma cultura do território, um conhecimento profundo das ervas, das raízes, dos tubérculos, que a natureza coloca à disposição por todas as partes. É às *plantas sem nome*, pois desconhecidas pelos manuais de botânica, mas não por uma sociedade camponesa às voltas com o problema da fome, que o marquigiano Costanzo Felice dedica uma bela página, numa "carta" (na verdade, um autêntico tratado) que escreveu por volta de 1570 a seu mestre Ulisse Aldrovandi, professor de ciências naturais na Universidade de Bolonha.

A "carta" constitui um levantamento das plantas "que de algum modo servem de alimento ao homem". A certa altura, o autor se estende sobre as "miscelâneas", saladas que, sobretudo "no fim do inverno e início da primavera", as mulheres preparam colhendo "ervas verdes" nas campinas; sempre conseguem encontrar ervas novas e compõem saladas sempre diferentes, "porque misturam muitas plantas sem nome, ou seja, pouquíssimo usadas". As mulheres do povo, parece admitir Felici, manejam plantas de existência desconhecida até mesmo aos professores universitários. Por isso "costuma-se dizer como provérbio entre as mulheres que toda erva verde dá salada".

Mulheres. Felici reconhece ao sexo feminino um saber privilegiado, uma relação especial com o alimento que nasce da intimidade com a terra e seus produtos. É por meio de tais alusões que um tratado de botânica pode abrir vertentes inesperadas de reflexão antropológica.

As mulheres de Felici (que apresenta costumes de sua terra, entre Rimini e as Marcas) "colhem entre as videiras uma espécie de alfacinha brava, que ainda chamam de erva gorda, com folhas ásperas manchadas de branco, com flores amarelas em formato de sino [...] e que chamam também de galinha gorda e testículos de lobo"; e também "as folhas inteiras da scabiosa novinha, chamada *stebe*" e depois a sálvia esclareia (a *schiareggia*) e tantas outras ervas e flores, boas também para saladas; e ainda "uma ervinha ramosa, espalhada pelo chão, com florinhas amarelas e favinhas miúdas como um trevo dos campos", que chamam de "orelha de lebre".

E assim prossegue, com descrições analíticas de sabores e perfumes que se compõem no prato graças à experiência e "segundo muitas imaginações". Mas toda descrição nunca será completa, "pois nesses tempos colhe-se de tudo e tudo (dizem) enche o corpo". A fome estimula o engenho, aproveitam-se todos os recursos.

Essas práticas e saberes vêm a campo também nos períodos de carestia, permitindo a homens e mulheres permanecerem — nos limites do possível — ligados à sua cultura e seus hábitos, aos sinais de pertença e identidade que sempre acompanham a necessidade física de alimentação. Desse ponto de vista, as *formas* do alimento são fundamentais, e é comovente observar como se procura reproduzi-las e replicá-las, mesmo nas condições mais desesperadas. O pão, principalmente. Reduzir qualquer coisa à forma de pão é a primeira maneira de resistir não só aos golpes da fome, mas também à deriva do desespero.

É o mecanismo de substituição: quando falta um produto, ele é substituído por outro, ao longo de uma "escala" que se afasta gradualmente do modelo de partida. Se não há trigo, faz-se o pão com cereais inferiores: centeio, aveia, espelta, cevada, painço — mas ainda é uma prática que faz parte da normalidade: para os camponeses, é a regra. Depois entram em jogo os legumes, mas isso também é bastante usual: em Bolonha, para os tipos de pão à venda no comércio, os Estatutos medievais previam o "misto" de trigo e favas. Nas zonas de montanha, é frequente que o pão leve farinha de castanha. Depois passa-se às bolotas. Segue-se a vez das ervas, das raízes, dos tubérculos. Em alguns casos, chega-se a usar terra.

Em 1032-33, segundo narra Rodolfo, o Glabro, "tentou-se uma experiência que não nos consta que se tenha jamais tentado alhures. Muitos extraíam uma areia branca, semelhante à argila, e, misturando-a com a quantidade disponível de farinha e farelo, obtinham uns pães, para tentar assim fugir à fome". Rodolfo não estava bem informado: isso já ocorrera alhures. No ano de 843, segundo uma crônica da época, "em muitas regiões da Gália, os homens foram obrigados a comer terra, misturada com um pouco de farinha e transformada em pão" (*in panis speciem*).

Para além das aparências, essas são respostas extraordinariamente "racionais" à fome iminente. Fabricar pão com ingredientes improvisados, ou com argila, é um ato de desespero controlado, que emprega técnicas de sobrevivência elaboradas e transmitidas por gerações de famintos. Vejamos outra crônica medieval: na Suábia, durante a carestia de 1099, "*segundo o costume dos pobres*, misturavam-se ervas e um pouco de farinha".

Quanta cultura, quantos saberes se ocultam por trás dessas práticas alimentares!

Mesmo os textos escritos ensinam como confeccionar "pães de carestia": certos tratados de agronomia (por exemplo, os da Espanha muçulmana) recomendam precauções crescentes conforme nos afastamos dos produtos habituais. Mas o que eles ensinam, provavelmente os camponeses já sabem. Mesmo porque a avaliação decisiva fica a cargo do paladar, o qual, antes de ingerir alguma coisa, deve identificar que seu sabor é *bom*.

Até frutas "naturalmente" venenosas podem ser consumidas, se forem tratadas com os procedimentos adequados: cozidas e recozidas várias vezes em seguida, elas adquirem um sabor agradável e nesse momento estão prontas para ser secadas, moídas, panificadas. É o que ensina o agrônomo Ibn al-'Awwā'n, confirmado no nível popular por práticas seculares que chegaram até nossos dias — a tapioca, recurso fundamental para a alimentação de muitos países da África, é uma farinha obtida após várias "lavagens" da raiz da mandioca ou cassava, planta em si venenosa.

A fome transforma o mundo.

O JUIZ E O CAPÃO

Brincando com a arte do trinchador
Pietrasanta, século XIV

No castelo de Pietrasanta, na Versilia, vive um homem chamado Vitale, viúvo abastado e estimado. A mulher lhe deixou duas filhas meninas, de sete e dez anos, e um filho já crescido, de vinte anos. Vitale o mandou para a escola: "Já era excelente gramático", escreve Franco Sacchetti que, no século XIV, narra essa história numa de suas *Novelas do Trezentos*.

Então, satisfeito com os primeiros resultados escolares do filho, Vitale decide enviá-lo a Bolonha para estudar. É caro custear seus estudos: um dia, precisa de dinheiro para os livros; outro dia, "para as despesas de sua vida". Quarenta florins hoje, cinquenta amanhã, "muito dinheiro vai-se de casa". Mas Vitale gasta de boa vontade, pois chegam-lhe de Bolonha boas notícias: o filho está se tornando "valorosíssimo".

Nesse meio-tempo, Vitale voltou a se casar e a nova esposa, vendo saírem tantos recursos de casa "e pensando que assim diminuía sua prebenda", reclama com o marido. É dinheiro jogado fora, diz ela. Remetes em grande quantidade e nem sabes como são gastos. "Mas o que estás dizendo?", responde ele. "Não pensas na honra e na vantagem que disso advirão? Quando meu filho for laureado juiz, nós nos engrandeceremos *perpetuo seculo*." Mas que século coisa nenhuma, retruca ela: "Acredito que estás enganado", e que esse teu filho, ao qual sacrificas tudo, "é um corpo morto". Um peso inútil, alguém que não serve para nada. A mulher repete essa expressão com frequência; a cada vez que o marido remete dinheiro ou alguma outra coisa ao filho, ela o assedia: "Manda, manda, consome-te para dares o que tens a esse teu corpo morto."

A discórdia chega aos ouvidos do jovem, assim como a singular maneira como a madrasta se refere a ele. Até que um dia, depois de alguns anos em Bolonha e muitos progressos realizados no estudo da "lei civil", o rapaz retorna a Pietrasanta para encontrar o pai e outros familiares. Vitale está felicíssimo e, para festejar a ocasião, manda degolarem e assarem um belo capão, e convida até o padre para o jantar.

Chega a hora da refeição e o grupo se senta para comer. À cabeceira da mesa está o padre, a seu lado o pai, depois a madrasta e as duas moças (que, tendo-se passado alguns anos desde que o jovem saíra de casa, já são "de marido", isto é, em idade casadoura). Talvez não haja lugar para todos e o jovem se senta numa "mesinha" ao lado, separada da mesa em comum, observado "de esguelha" pela madrasta. Quando chega o capão, a mulher se dirige ao marido em tom zombeteiro: vejamos então se todos esses anos de estudo serviram para alguma coisa; experimenta perguntar a teu filho se ele é capaz de cortar o capão "pela gramática" (segundo as regras do latim). Entenda-se: vejamos se ele sabe fazer alguma coisa prática, além de torrar dinheiro em estudos inúteis. Vitale, confiante, diz ao filho: cortar é contigo, que estás aí apartado, mas quero que procedas "pela gramática". E a cena do convívio à mesa parece se transformar numa sala de exame: o estudante no centro, a demonstrar os saberes adquiridos diante da comissão enfileirada.

Aqui se inicia uma divertida paródia da arte do *trinchador*, como se chamava, naqueles séculos, o responsável pelo corte e distribuição das carnes. Era uma atividade que demandava grande experiência e perícia manual, às vezes com êxitos espetaculares, principalmente quando o corte ocorria "voando", com o animal suspenso no ar (como era habitual na Espanha e na Itália). Mas também havia um grande significado simbólico na ação, social e "politicamente" estratégica, visto que a cada comensal se destinava um naco muito específico, de maior ou menor prestígio, segundo o nível de cada um. Na novela de Sacchetti, a trincha do capão se torna a perfeita caricatura dessa arte complicada, insidiosa, potencialmente subversiva — quando não realizada segundo os cânones esperados.

Na mesa de Vitale de Pietrasanta, o jovem estudante consegue desagradar a todos.

Pegando a faca, corta a crista do capão, coloca-a sobre uma tábua e a estende ao padre. "Sois nosso pai espiritual", explica, "e usais a tonsura." Por isso cabe-vos "a tonsura do capão, isto é, a crista".

Depois corta a cabeça, que serve ao pai com a mesma cerimônia, dizendo: "Sois o cabeça da família, e por isso dou-vos a cabeça."

Então corta as pernas com os pés e oferece à madrasta: "A vós cabe o governo da casa e as andanças para cima e para baixo, o que não se pode fazer sem as pernas; por isso dou-vos vossa parte."

Por fim, corta as extremidades das asas, estendendo-as na tábua para as irmãs. "Vós, que sois de marido, estais destinadas a logo sair e 'voar' de casa." Por isso convém que tenhais as asas.

Agora não resta do capão senão a parte central, a mais saborosa, a mais suculenta. O rapaz pega toda ela para si: "Sou um corpo morto e, como minha parte, pegarei este corpo morto." Começa a talhar a carne e come "galhardamente".

A madrasta, se antes o fitava de esguelha, agora o olha com raiva ("de atravessado", escreve Sacchetti) e resmunga baixinho para o marido: Mas que beleza! Olha como gastaste bem teu dinheiro...

Os outros também estão incomodados, principalmente o padre, que, "espelhando-se naquela crista", mal consegue controlar sua ira. Mas ninguém tem coragem de protestar: a distribuição "pela gramática" no plano formal é perfeita. Certamente, em vez do latim, todos teriam preferido um belo corte "em língua vulgar".

Dali a poucos dias, prestes a retornar a Bolonha, o jovem explicou que quisera dar uma lição à madrasta "com uma pequena pilhéria" e agiu "com amor" a ela e aos familiares. Mas eu creio — conclui Sacchetti — que a madrasta pensou consigo mesma: Vai, vai, e tomara que nunca mais voltes.

COZINHA BOLONHESA, COZINHEIRO ALEMÃO

Lasanha quente para os monges de São Prócolo
Bolonha, 1388

A mortificação do corpo, que se realiza com a privação alimentar, é um objetivo primário do estilo de vida monástico. Paralelamente, quase em contraponto, a literatura medieval nos apresenta exemplos de monges entregues aos prazeres da mesa com uma devoção toda especial. Monges com ventre proeminente também aparecem com frequência na iconografia, segundo um estereótipo que talvez corresponda parcialmente à verdade, mas nasce, sobretudo, de um certo sarcasmo, talvez de um sentimento de inveja em relação a um mundo — como o monástico — que o imaginário coletivo representa como um oásis ideal de vida protegida, em segurança, garantida não só no patrimônio espiritual, mas também nos bens materiais.

O estereótipo do monge glutão está presente numa novela do bolonhês Sabadino degli Arienti, tabelião, político, escritor quatrocentista, autor das *Porretane*, histórias que se imaginam narradas por um nobre grupo de cidadãos em tratamento nas termas de Porreta, nas encostas dos Apeninos ao sul de Bolonha. A novela em questão traz como protagonistas o abade e dois monges da abadia de São Prócolo, no coração de Bolonha.

O episódio é ambientado em 1388, pouco depois de uma epidemia de peste que devastou a cidade. Quase todos os monges foram vitimados, inclusive para não faltarem a seus deveres de confessores públicos, em contato diário com pessoas atingidas pela doença que, julgando-se no fim da vida, queriam acertar as contas com o além. Apenas três se salvaram: o abade Dionisio Passapoveri e os monges Domizio e Martino. O momento é triste, mas o amor pela boa cozinha não desapareceu; pelo contrário, talvez tenha se acentuado, como que em reação aos dramáticos acontecimentos recentes. Na hora da refeição, os três se sentam no refeitório, já prelibando seu prato preferido, lasanha, que o cozinheiro acabou de preparar.

É sexta-feira, dia de magro: não se come carne, e sim massa e queijo. A massa, como gênero alimentar, faz parte dos alimentos permitidos nos dias de abstinência — o que também contribui para seu extraordinário sucesso — desde que, entende-se, não seja acompanhada de carne. Por isso, além de uma escolha por gosto, seu tempero habitual é à base de laticínios: manteiga e queijo, aos quais se incorpora alguma especiaria, caso a condição social e as disponibilidades econômicas permitam.

Ei-los sentados à mesa, os três irmãos de batina preta — o hábito tradicional dos beneditinos. Logo chega "uma boa travessa de lasanha com um bom queijo ralado". O queijo ralado, de preferência o parmesão, é o primeiro e o mais típico tempero da massa (continuará por séculos, pelo menos até o século XIX, quando o molho de tomate surge em combinação com o espaguete e o tubo). A travessa é posta diante do abade, o aroma é irresistível: "Dando o cheiro da lasanha bem debaixo do nariz do abade, aguçou de tal modo seu apetite que colocou imediatamente um bom bocado na boca." O abade não espera sequer um segundo: vê, pega, come. Só que a lasanha está escaldante, "pois acabara de sair do forno". O abade se queima com tanta violência que, se não fosse pela vergonha e pelo medo de dar mau exemplo, cuspiria o bocado. Esforça-se para mantê-lo na boca, mas, devido à grande dor, "começou por aflição a revirar os olhos e a derramar algumas lagrimazinhas".

O tema da comida demasiado quente ressurge repetidas vezes na literatura desses séculos. Outro novelista italiano, Franco Sacchetti, põe em cena um certo Noddo d'Andrea, célebre pela habilidade com que engolia comida ainda pelando de quente — massa, principalmente — sem queimar a boca. Ninguém o queria como vizinho de mesa, pois quem "ficasse na tábua" com ele, como se dizia na Idade Média, ou seja, partilhasse a tábua de madeira que era colocada entre dois convivas, com o alimento para ambos, corria o risco de ficar em jejum: enquanto esperava que o alimento se esfriasse, Noddo já teria terminado. Uma vez, um conviva ao seu lado simulou a cena de jogar ao cachorro sua parte de macarrão fervendo, dizendo: se não consigo comê-lo, que ao menos ele possa aproveitar.

Voltemos a São Prócolo, onde o abade sofre e lacrimeja pelo bocado quente demais que se apressara muito em pôr na boca. O monge Domizio, vendo-o naquele estado, intervém para ajudá-lo e, não tendo água fria à disposição, "rápido, como pessoa solícita, atirou-lhe no rosto meio copo de vinho branco suave". Ao mesmo tempo, pergunta-lhe: Meu pai, o que foi? Que dor tanto te atormenta para chorares assim? O abade se encontra numa evidente dificuldade. Seus olhos ardem por causa do vinho, está com a língua toda queimada, mas responde com invejável *aplomb*: Filho, ao comer essa lasanha, veio-me uma grande "ternura no coração", pensando nas vezes que partilhamos a lasanha neste refeitório com tantos irmãos que não estão mais conosco. Domizio lhe recomenda que se resigne à vontade divina, enquanto põe na boca "um grande bocado de lasanha". Desnecessário dizer que ele também se queima de uma maneira terrível, revira os olhos, começa a lacrimejar "calorosamente". Logo compreende o motivo pelo qual o abade chorara, e é o próprio abade, dessa vez, que lhe pergunta com ar irônico: "Por que choras tu, dom Domizio?" A resposta vem por si só, em toda a sua ambiguidade: choro "por aquilo que choraste também". E com essas palavras, "com grande angústia", engoliu o bocado escaldante.

Nessa altura, entra em cena o último dos três, Martino. Ele também coloca "a colher na travessa" e pega "uma boa dose". Mas a massa ainda não esfriou o bastante, e "ele se queimou desagradavelmente". Seus olhos também marejam e ele começa a assoprar de boca aberta. O abade lhe diz: O que foi, Martino? Por que sopras assim? Ele, cuspindo o bocado, responde: Choro porque Deus levou todos os bons e deixou os maus, visto que "somos traidores uns dos outros". No cúmulo da raiva, estende os braços e remexe a lasanha dentro da travessa, "fazendo com que todos os pedaços espirrassem no rosto do abade", lambuzando-o de gordura. Domizio, "sendo jovem e de natureza agradável", não consegue conter o riso. O abade, porém, com o rosto e os olhos besuntados de gordura, os pedaços de lasanha enfiados pela batina, não consegue levar na brincadeira e, furioso, por pouco não se arremessa sobre Martino. Depois se acalma, mesmo porque reconhece que foi ele, com seu "apetite guloso", a dar início àquela desagradável cena. Admoesta Martino por ter faltado aos deveres monásticos da paciência e da humildade, mas perdoa-o, poupando-lhe a penitência que mereceria. E logo a atenção retorna à lasanha, já irremediavelmente estragada.

"Chamando o cozinheiro, que era alemão, pediu que lhe trouxesse outro prato de lasanha." O cozinheiro, que fazia poucos dias que trabalhava no mosteiro, fica espantado com o pedido e apostrofa abade e monges: "Lobos! Já devorastes toda a travessa de lasanha que eu trouxe? Que vos venha uma caganeira!" — primeira imprecação, observa o autor, "que os alemães aprendem ao chegar na Itália".

Este último personagem, que aparece apenas no fim e de maneira um tanto gratuita na cena do entrevero, atrai nossa curiosidade de imediato. O *cozinheiro alemão*, chegado há pouco à Itália, que prepara em Bolonha a mais bolonhesa das comidas, servindo-a aos monges que esperam com impaciência, é uma figura de extremo e inesperado interesse. No quadro tipicamente urbano desse episódio, o cozinheiro "estrangeiro" é chamado a interpretar a cozinha italiana, ou melhor, bolonhesa, que evidentemente lhe foi ensinada por alguém. Mas não o consideremos como mero executor, de presença "passiva" em cena. Antes de mais nada, porque os cozinheiros "alemães", naquela época, gozam de grande prestígio: não só em Bolonha, mas em todas as cidades italianas, as principais famílias — e, no século XV, até a corte papal em Roma — gostam de confiar as cozinhas a personagens dessa nacionalidade. Séculos mais tarde, seria aos cozinheiros franceses que caberia o papel de profissionais *à la page*.

Na Idade Média, a cozinha "gótica" está na moda e há demanda por cozinheiros alemães. No caso de uma cidade como Bolonha, essas presenças têm um significado ainda mais forte. Sede da mais antiga universidade europeia, Bolonha cresce graças à capacidade de acolher e hospedar grandes contingentes estrangeiros, que enriquecem e diversificam a cultura local. Com eles vêm muitos cozinheiros e pessoal de serviço. Com eles vem a possibilidade de trocar experiências, multiplicar saberes e sabores. O cozinheiro alemão até aprendera a fazer a lasanha dos monges de São Prócolo, mas não podemos escapar à sugestão de pensar que ele próprio contribuiu, de algum modo, para adaptar a receita a um gosto e a uma tradição que lhe pertenciam.

Sob qualquer ângulo que olhemos, a história tem um final feliz. O próprio abade decide levar na brincadeira, "esquecendo-se da queimadura e do escândalo ocorrido", e se entrega com prazer a saborear com os companheiros "a segunda travessa de lasanha".

O PRÍNCIPE DOS COZINHEIROS E O HUMANISTA REFINADO

Como nasce um *best-seller* da literatura gastronômica
Roma, cerca de 1465-1470

O cozinheiro precisa conhecer bem sua profissão, ter longa experiência e não se incomodar com o esforço. Precisa querer ser apreciado pela obra que faz. Que seja limpo e asseado, saiba distinguir à perfeição as qualidades e propriedades das carnes, dos peixes e das verduras, para saber quais devem ser cozidos, quais assados e quais fritos. Precisa ser versado em avaliar o sabor dos alimentos, se estão demasiado salgados ou insípidos. [...] Que procure se assemelhar em tudo, se conseguir, a nosso comense, príncipe dos cozinheiros de nossa época, com quem aprendi o modo de cozinhar cada iguaria.

O "príncipe dos cozinheiros" que se celebra nestas linhas é Mestre Martino, nascido em Torre de Val di Blenio (Ticino) e chamado de "comense" porque naquela época, o século XV, Como era a cidade de referência daqueles vales alpinos. Quem apresenta Martino como modelo do cozinheiro perfeito é um grande amigo e (como veremos) colaborador seu, o humanista Bartolomeo Sacchi, nativo de Piàdena no território de Cremona, que nos ambientes romanos era chamado de Platina — o nome latino de sua cidade natal.

Sacchi chegara a Roma em 1461, no séquito do cardeal Francesco Gonzaga. Intelectual e humanista respeitado, tornara-se "abreviador", isto é, membro da chancelaria pontifícia. Esse encargo, recebido de Pio II, fora-lhe confirmado pelo sucessor Paulo II, que se tornou papa em 1464.

Com o novo pontífice, no entanto, as relações se tornaram gradualmente mais tensas, pois Paulo II pretendia reprimir o espírito de liberdade que reinava entre os humanistas romanos, não especialmente devotos e mais interessados em redescobrir os faustos da antiga Roma, no plano literário e artístico, mas também filosófico e religioso, devido ao inevitável fascínio que aquela cultura "pagã" exercia sobre os que se dedicavam a estudá-la.

O colégio dos abreviadores, do qual faziam parte literatos e poetas, foi duramente atacado pelo pontífice, que em 1466 afastou da corte diversos personagens, entre eles o próprio Platina. No ano seguinte, quando se espalhou o boato de uma conspiração para assassinar o pontífice e instaurar em Roma uma república aos moldes antigos, Platina foi encarcerado (mas depois libertado) com outros conjurados.

Em 1468, foi dissolvida a Academia romana fundada por Pomponio Leto, um cenáculo de letrados dedicados à classicidade, da qual Platina também fazia parte. As acusações dirigidas aos "acadêmicos" denunciavam-nos como "epicuristas" que zombavam de Deus e dos santos, entregando-se aos prazeres do corpo e em especial à gula, sem nenhum respeito pelas regras alimentares cristãs, como a obrigação de se abster de carne e de produtos animais no período da Quaresma, em certos dias da semana, nos dias de "vigília" determinados pelo calendário litúrgico.

É difícil saber quanto havia de verdade em tais acusações, mas pelo menos um fundo de verdade devia haver, visto que o líder do grupo, Pomponio Leto, defendeu sua conduta perante os juízes invocando como justificativa um precário estado de saúde: ele teria recebido permissão de comer ovos e carne na época da Quaresma de ninguém menos que um médico do papa, Santo Firmano, e do padre de sua paróquia.

Os interesses gastronômicos dos acadêmicos romanos não se dissociavam do culto ao classicismo. Pomponio Leto e Platina tiveram papel de relevo no estudo e na valorização do manuscrito atribuído a Apício — o único receituário de cozinha romana que chegou até nós em sua íntegra, e ademais com acréscimos e adaptações alto-medievais — que o humanista Enoch de Ascoli havia "repatriado" à Itália vindo da Alemanha, depois de uma das inúmeras viagens em que, ao longo do século XV, os estudiosos italianos se lançavam em busca de textos clássicos em arquivos e bibliotecas de meia Europa.

Para os membros da Academia romana, ler Apício era uma maneira como qualquer outra de estudar a língua dos antigos, mas também, por intermédio da língua, de conhecer sua cozinha. O interesse especial que Platina amadurecera a respeito do assunto levou-o a projetar uma obra de grande fôlego, que não se pode definir como um livro de culinária em sentido estrito, embora inclua um núcleo consistente de receitas: na verdade, elas estão inseridas num quadro literário, filosófico e dietético mais amplo, com grande quantidade de citações dos textos clássicos, considerações sobre a qualidade e a origem dos produtos, comparações entre os produtos citados pelos autores antigos e os disponíveis até hoje.

Não faltam no livro alusões aos membros da Academia e às ceias que eles organizavam, fazendo-se de personagens da era clássica. O próprio título da obra é antigo e, em certo sentido, "pagão", quase um manifesto para reabilitar o prazer da comida: *De honesta voluptate et valetudine*, ou seja, "O prazer honesto e a boa saúde". A referência preliminar à *voluptas* — mesmo que "honesta", mesmo que ligada à "boa saúde" — inverte a tradicional posição da cultura cristã em relação ao prazer, quase sempre centrada numa atitude de desconfiança. Platina propõe uma imagem diferente, mais cordial e serena, na esteira da cultura clássica cuja recuperação tenta realizar.

Mas mesmo o culto do classicismo tem um limite. Quase de repente, quando vem a falar de culinária de um ponto de vista técnico, Platina se entrega ao elogio do gosto "moderno". É o que faz, de maneira muito explícita, à margem da receita do "manjar branco" (um dos pratos mais típicos da cozinha medieval, assim chamado porque todos os ingredientes são brancos): "Esse condimento, escreve Platina, sempre o preferi aos sugeridos por Apício. Não há, de fato, nenhuma razão pela qual se devam preferir os gostos de nossos antepassados aos de hoje, visto que, se eles nos superaram em quase todas as disciplinas, quanto ao gosto somos insuperáveis. Não existe nenhuma iguaria na terra que não tenha sido servida nessa academia que são nossas tavernas, onde se discute acaloradamente a maneira de temperar os pratos."

E aqui Martino retorna em campo. Prossegue Platina: "Qual cozinheiro, ó deuses imortais, pode ser comparado a meu Martino, com quem aprendi a maioria das coisas sobre as quais estou escrevendo?" É ele, não Apício, o "príncipe dos cozinheiros" — como Platina o chama no trecho de onde partimos para essa viagem pelo humanismo italiano do século XV.

Quando afirma que "aprendera" com Martino as coisas que está escrevendo, Platina se refere às receitas que incluiu no livro. Todas elas são receitas de Martino, derivadas do *Libro de arte coquinaria* (título metade em vernáculo, metade em latim, para um livro de receitas inteiramente escrito em vernáculo), que o cozinheiro de Ticino escreve nos anos 1460, os mesmos em que Platina compõe seu tratado sobre o "prazer honesto".

Nesses anos, Martino também está em Roma, também está na corte papal. Martino e Platina se conhecem, sentem estima mútua, muito provavelmente trabalham juntos nos respectivos projetos, interagindo de maneira eficaz. Martino fornece a Platina as receitas, o saber técnico. Platina o ajuda a escrever num italiano elegante, pela primeira vez elevando o "gênero" do livro de receitas a uma dimensão propriamente literária. Assim, o próprio *Libro de arte coquinaria* se torna um espelho da cultura humanista: a finura da linguagem acompanha uma inédita clareza em organizar a matéria, em descrever os ingredientes, os modos de preparo, os tempos de cozimento. As receitas descrevem com precisão cada fase do procedimento, sem dar nada por tacitamente assente, com uma sensibilidade "didática" que contrasta com o estilo expedito da literatura gastronômica anterior.

Além do método, o livro de receitas de Martino é profundamente inovador no conteúdo: três quartos de suas receitas são inéditas, aparecendo pela primeira vez em letra impressa. Em tudo isso adivinha-se a influência do amigo Platina, que, por sua vez, utiliza Martino para enriquecer seu tratado com conteúdo "prático".

Martino chegou a Roma por volta de 1464, alguns anos depois de Platina. Vinha de Milão, onde trabalhara nas cozinhas do duque Francesco Sforza. Talvez em Mântua, onde Sforza participou de um encontro entre altos dignitários e prelados italianos, Martino conheceu o cardeal Ludovico Trevisan, patriarca de Aquileia. O cardeal insistiu para tê-lo em seu serviço e conseguiu levá-lo a Roma quando se mudou para a corte pontifícia em 1464 (justamente o ano em que foi eleito papa Paulo II). Já naquela época, Martino era um cozinheiro bastante requisitado: o cardeal Trevisan, além de tê-lo junto a si, apresentou-o ao papa que logo o quis na qualidade de cozinheiro pessoal ou "secreto", como se dizia então.

Após a morte de seu protetor em 1465, Martino permaneceu em tempo integral na corte pontifícia, atuando não só como "cozinheiro secreto", mas também em eventos públicos: em 3 de fevereiro de 1466, foi ele quem comandou a grande festa de carnaval oferecida pelo pontífice a pelo menos mil convidados, entre cidadãos romanos e estrangeiros de passagem. O banquete foi organizado ao ar livre na frente de São Marcos, sem se preocupar com as despesas para abastecer as cozinhas: os documentos falam de 8.571 ovos, 3.112 libras de queijo parmesão e 514 de pecorino (queijo de ovelha curado), 242 pares de "*provature*" (um queijo semelhante à mussarela), duzentas libras de manteiga, trinta litros de leite. Aceitando esses dados, imaginamos um cardápio amplamente voltado para os laticínios — os quais, dali a poucos dias, com o início da Quaresma, não poderiam mais ser consumidos. Nada de carne, porém: o carnaval exigiria, mas era sexta-feira.

Martino foi confirmado no cargo de primeiro cozinheiro pelo papa Sisto IV, que sucedeu a Paulo II em 1471. No mesmo período, Platina reatou as relações com a corte pontifícia: o novo papa o designou para um cargo de grande prestígio, nomeando-o prefeito da Biblioteca vaticana (cargo que conservou até a morte, ocorrida em 1481). Nesses anos, o "príncipe dos cozinheiros" não deixou de rever e "atualizar" seu texto: os manuscritos que chegaram a nós mostram, de fato, algumas diferenças, ligadas ao contexto em que foram redigidos.

A redação mais antiga tem um acentuado cunho veneziano, provavelmente ligado à origem do "patrono" de Martino, o cardeal Trevisan que, como já vimos, era patriarca de Aquileia. Há muitas receitas de peixe, com preparos e temperos que remetem diretamente à cultura alto-adriática. Por outro lado, a inserção de um fornido corpo de receitas "à genovesa", que aparecem numa versão posterior, parece ser uma homenagem à pátria lígure de Sisto IV.

No mais, a culinária de Martino só pode ser definida como *italiana*, pois sua vasta experiência profissional — e o caráter "intercultural" da sociedade romana e da corte pontifícia, onde se encontram e se cruzam múltiplas tradições — garante um olhar amplo, "antológico" sobre a gastronomia da época. Receitas "à romanesca", "à florentina", "à lombarda", ou "sicilianas", "paduanas", "bolonhesas", além das "genovesas" que acabamos de mencionar, são o espelho de uma cultura que não conhece fronteiras: ducado de Milão ou república de Veneza, grão-ducado da Toscana ou república de Gênova, estado pontifício ou reino de Nápoles são realidades diferentes, mas não estranhas. Uma densa rede de relações pessoais, profissionais e comerciais une essas realidades num espaço comum que não é político, mas sim cultural.

Martino, o cozinheiro, como todo artista ou letrado da época, é um formidável instrumento de amálgama num país virtual que é percebido como "Itália", e como tal é designado muito antes de existir como entidade política. Essa Itália, por sua vez, é uma parte da Europa e não surpreende que Martino inclua entre suas receitas pratos de nome (se não de sabor) mais exótico, oriundos da cozinha francesa, alemã ou catalã. Presença especialmente marcada tem a influência catalã, que Martino poderia ter assimilado já em Roma, onde era corrente o internacionalismo, mas que também poderia estar ligada a uma experiência vivida por ele no fim do século. Com efeito, após a morte de Sisto IV em 1484, Martino passou para o serviço do comandante Gian Giacomo Trivulzio, que combateu antes pelos Sforza em Milão, depois pelo rei de Nápoles, e depois pela França. Por isso, não podemos excluir que o próprio Martino tenha permanecido algum tempo em Nápoles, deixando marcas de seu trabalho: um livro de receitas anônimo, escrito naqueles anos na capital do Reino e conhecido como *Cozinheiro napolitano*, é muito semelhante ao livro de receitas de Martino, e visivelmente inspirado nele.

A última notícia da vida de Martino é um banquete que ele organizou para as núpcias de Niccolò Trivulzio, filho do comandante. O evento ocorreu no início do novo século, quando Martino já era bastante idoso: setenta, talvez oitenta anos.

Estranho destino, o de Mestre Martino. Foi celebrado como o melhor cozinheiro de sua época, mas desapareceu rapidamente da memória coletiva. De fato, quis o destino que ele jamais entregasse seu livro ao prelo e, mesmo redigido em diversas cópias, ficou em manuscrito e logo foi esquecido. Melhor dizendo: o que se esqueceu foi o nome de seu autor, pois o receituário continuou a circular e conheceu extraordinária fortuna — mas atribuído a outros. Por exemplo, a um certo Giovanni Rosselli, que em 1516 publicou um livro de culinária intitulado *Epulario*, que nada mais é senão o livro de receitas de Martino, palavra por palavra. A obra teve grande sucesso e recebeu dezessete reimpressões até meados do século XVIII. No frontispício, Rosselli consta como "francês" e nunca se descobriu quem realmente era. Alguns duvidam que tenha existido e que o próprio nome Rosselli seria um decalque do sobrenome de Martino, que num dos manuscritos sobreviventes aparece como *Martino de Rubeys*, de' Rossi.

Outro caso foi o de um certo "Mestre Giovine", que publicou sua *Obra digníssima* (novamente o texto de Martino) por volta de 1530. Mas as receitas de Martino circularam principalmente no interior da obra de Platina, que foi reimpressa inúmeras vezes, tanto no original latino como em tradução italiana, e depois francesa e alemã: "O prazer honesto e a boa saúde" foi um verdadeiro *best-seller* do mundo editorial europeu entre os séculos XV e XVI. De variadas maneiras, mesmo sem aparecer, Mestre Martino ditou por quase um século (até o surgimento dos grandes livros de receitas renascentistas) a linha da gastronomia italiana.

CASTELOS DE AÇÚCAR

Uma festa de casamento no Palácio Bentivoglio
Bolonha, 1487

Os jovens tinham se casado por procuração alguns anos antes, quando ainda eram crianças. Ele, Annibale, primogênito de Giovanni Bentivoglio e de Ginevra Sforza, estava com cerca de dez anos. Lucrezia, filha natural de Ercole d'Este, nascida de sua amante Ludovica Condolmieri, era ainda mais nova. Um matrimônio político, como era usual na época. Os afetos não contavam muito: a união servia para selar o pacto de aliança entre os respectivos pais, um deles o senhor de Bolonha, o outro o duque de Ferrara.

Quando ambos alcançaram a maioridade, o jovem foi a Ferrara para encontrar a noiva. Ia acompanhado por um grande séquito de pajens, criados, cavalos. Era 22 de janeiro de 1487. Seis dias depois estava de volta, com Lucrezia acompanhada pelo pai e por muitos fidalgos. Usando um vestido de brocados de ouro, ela montava um cavalo branco coberto pelo mesmo tecido. Entraram em Bolonha pela porta Galliera, que dava para a planície ao norte da cidade. Lucrezia foi acolhida por oito jovens, que "se dividiram em dois lados, um à direita e outro à esquerda do freio do cavalo" — assim, um século mais tarde, narrava o cronista Cherubino Ghirardacci, compilando entre as memórias locais todo e qualquer detalhe da ocasião. Será ele nosso guia para reconstituir o que aconteceu naqueles dias em Bolonha.

O clima não era dos melhores, mas o que se poderia esperar em fins de janeiro? A acolhida foi elegante e suntuosa, apesar do transtorno da chuva. Todo o percurso desde a porta Galliera até o centro da cidade e o palácio, edificado no distrito de San Donato (hoje via Zamboni), estava ornamentado com tecidos de lã e enriquecido por "sete arcos triunfais à maneira rústica" com figuras alegóricas: eram pintadas sobre madeira, mas com tanta perfeição que "pareciam de mármore". A praça diante do palácio estava toda coberta "por belíssimas folhagens, panos, guirlandas, frutas e flores", de tal modo que, "sendo janeiro, parecia maio". A *ficção* nos é prontamente apresentada como código estilístico do espetáculo.

Chegando ao palácio, os hóspedes foram recebidos por Giovanni e Ginevra, "com um belo grupo de damas ricamente enfeitadas", e conduzidos aos aposentos no andar de cima. O cronista não gosta de se demorar nas preliminares e logo avança para o evento *clou* do dia, o suntuoso banquete que ocupará toda a tarde e a noite. Ele já nos antecipara que Giovanni Bentivoglio, prevendo a festa, convidara a Bolonha um grande número de nobres, príncipes e cardeais. Os convidados estavam hospedados na cidade, "com todas as honras e pompas", em muitos quartos do palácio e nas casas de outros nobres: toda a cidade se mobilizara para a ocasião.

Enquanto isso, "todos os fidalgos, cidadãos, artífices e membros da corporação de artes e ofícios", ou seja, todos os componentes da classe dirigente citadina, bem como dos "castelos, vilas e comunas" do condado bolonhês, inundaram o palácio com "inúmeros dons e presentes", alimentos e bebidas em profusão, quase um catálogo completo dos recursos do território: vários tipos de vinho, entre os quais a malvasia, milhares de capões, perdizes, faisões, rolinhas, codornas, pombas, patos, pavões, além de coelhos e lebres, cordeiros e cabritos, corças, bezerros, "porcos gordos" (seiscentos porcos engordados) e javalis, bem como linguiças, leitões, peixes, ovos, queijos, caixas de confeitos, marzipãs, açúcar fino, laranjas e "frutas de todos os tipos", e também sal, vinagre e azeite.

Os cozinheiros do palácio haviam entesourado todas essas doações, para preparar o fantástico banquete que os convivas se preparavam para celebrar. Pensara-se também nos cavalos: nos estábulos diante do palácio, acumularam-se milhares de cestos de cevada e espelta. Além disso, afluiu dinheiro em espécie (novecentos ducados) e centenas de velas de cera e de sebo, indispensáveis para uma festa que logo se estenderia na escuridão noite adentro.

Os hóspedes tiveram tempo apenas para se refrescar e logo foram convocados ao salão, "enfeitado de tal modo que nada melhor se poderia ver". De um lado, por todo o comprimento da parede, abria-se um enorme aparador, repleto de vasos de ouro e de prata: a exposição de objetos valiosos que todos os senhores gostavam de ostentar a seus convidados, com as devidas precauções. O controle, a cargo do pessoal doméstico, era simbolicamente garantido por algumas estátuas de gigantes protegendo o aparador com uma clava na mão. "Veja-se esse tesouro", podia-se ler em cada uma delas. Ver, mas não mexer. Dois candelabros de prata, cada um com seis mechas de cera branca acesas, iluminavam a sala.

As mesas já estão preparadas e logo surgem os diretores do espetáculo: "seis trinchadores-mor", isto é, superintendentes do serviço. O papel, muito cobiçado, é concedido apenas aos mais nobres senhores: Andrea Ingrati, Girolamo Ranucci, Bonifacio Cattani, Pirro Malvezzi, Andrea Bentivoglio e o conde Guido Pepoli tiveram a honra de ser escolhidos para a ocasião. Têm sob seu comando outros vinte e cinco trinchadores, cada qual com seis jovens à disposição. No total, nada menos que cento e cinquenta pessoas para assegurar o serviço de mesa: todos "adornados com nobres e preciosas vestes" e dispostos em filas ordenadas.

Há catorze mesas, dispostas segundo uma precisa geografia que reproduz as relações hierárquicas e de poder. Mais distantes ou mais próximas do senhor, segundo a importância de cada um. Pouco a pouco, os convivas se acomodam nos lugares designados e o espetáculo pode começar.

"Começou o banquete à hora 20 e durou até a hora 3 da noite." O cálculo do horário registrado por Ghirardacci não deve espantar: em sua época, é costume considerar que o dia termina na hora de crepúsculo, que varia segundo a estação. Nos fins de janeiro, o sol se põe por volta das cinco da tarde: essa seria, portanto, a vigésima-quarta hora. A "hora 20" em que começa o banquete — quatro horas antes do crepúsculo — corresponde aproximadamente à uma da tarde. O término, à "hora 3 da noite", seria por volta das oito da noite. Horário mais do que razoável — mas, mesmo assim, se estende por sete horas...

O primeiro ato consiste na lavagem das mãos: todo convidado limpa as mãos com "água alterada", perfumada com essências florais. O gesto tem um grande significado simbólico, quase um ritual de purificação, mas é também estritamente prático, visto que as mãos são o principal instrumento para comer. A sociedade medieval conhece muito bem o garfo: pelo menos na Itália, usa-se faz tempo, em especial para pegar o macarrão (já naquela época, um "gênero" típico de nosso país) que normalmente é servido em temperatura escaldante, bem temperado com manteiga e queijo, sendo, portanto, escorregadio e dificilmente controlável com as mãos. Trata-se, porém, de uma exceção: a sensibilidade dessas pessoas aprecia o contato com o alimento, tende a eliminar as mediações. Mesmo dois ou três séculos depois, ainda haverá quem, combatendo o uso crescente do garfo, julgue amargo e desagradável o sabor do metal que corrompe a qualidade do alimento. Não só a qualidade, de fato, mas o prazer de manipulá-lo e senti-lo mesmo, de incorporá-lo não só pela garganta, mas, por assim dizer, diretamente pela epiderme. Também em função disso, lavar as mãos é um gesto indispensável, que se repete várias vezes durante o banquete.

Finalmente começa o carrossel dos alimentos, mas o percurso da cozinha à sala é tortuoso: "Antes de serem apresentados, eram conduzidos com imensa pompa ao redor da praça do palácio, para que os criados fiquem estendidos em ordem, e também para mostrá-los ao povo, para que visse tanta magnificência."

Para mostrá-los ao povo: o alimento do senhor não é apenas para ser consumido, mas também (e talvez principalmente) para ser mostrado. Sua *magnificência* é o espetáculo do poder e da riqueza, que são mostrados aos nobres convidados à festa, mas também ao *povo*, que se limita a olhar. Nada melhor do que essa imagem para recuperar o caráter ostensivo, propriamente teatral da ação convivial. Dezenas e dezenas de pratos desfilarão diante da multidão jubilosa (assim pelo menos é o que parece aos olhos do senhor) para chegar, enfim, à mesa, já frios ou apenas mornos. Mas o que importa? Em situações como essa, o paladar decididamente cede à visão.

Depois da panorâmica externa sobre o *povo*, que logo se esvai por trás das filas dos criados "estendidos em ordem", o *zoom* do cronista volta para o salão e focaliza as preciosas travessas, enumerando o conteúdo com uma precisão de notário. As primeiras coisas a chegar são "pinhas douradas" (ainda hoje se usa o termo para designar pequenas frituras doces de carnaval: no fim de janeiro, eram liturgicamente justificáveis) e *cialdone* [espécie de crepes recheados], acompanhadas por vinhos suaves ("malvasia doce e agradável e moscatel"), servidos em recipientes de prata.

É um início que nos surpreende: quantos de nós, hoje, começaríamos uma refeição saboreando tais vinhos e doces? O fato é que a separação dos sabores — o salgado separado do doce, o primeiro no início, o segundo ao final da refeição — é uma invenção da modernidade, que começou a se difundir na Europa somente a partir do século XVII. Antes disso, não se costumava distingui-los; muito pelo contrário, gostava-se de mesclar os sabores. O doce se insinuava em toda parte, misturando-se ao salgado, ao ácido, ao amargo, ao picante; o prato ideal continha todos eles, pois assim ensinavam as teorias dietéticas (a cada sabor correspondia uma função nutricional: todos eram considerados úteis para alguma coisa; portanto, mantê-los juntos era uma garantia de equilíbrio e de saúde) e assim, ao final, se orientavam os modos de preparo e os gostos predominantes das pessoas. Por isso os sabores se alternavam e se mesclavam do início até o fim da refeição, apresentando-se com diversas graduações em todos os pratos. Entre eles, um lugar especial cabia ao doce, considerado um verdadeiro santo remédio, o elemento de amálgama que mantinha a união entre todos os outros, exaltando suas qualidades. "Nenhum prato recusa o açúcar", dizia a maior autoridade gastronômica da época, o humanista Platina.

Na verdade, o prestígio do açúcar ia muito além de suas supostas qualidades nutricionais. Era também um produto precioso, caríssimo, que conferia prestígio a quem o usava (*podia* usar) com abundância. Introduzido no Ocidente pelos árabes durante a Idade Média, continuava a ser um artigo de luxo acessível a poucos. No século XV, o açúcar era objeto de um verdadeiro furor e os nobres rivalizavam para ostentá-lo em suas mesas. Era por isso que o doce entrava em todos os pratos: não só porque os médicos recomendavam, mas porque a convenção social impunha. Ademais, a quantidade de açúcar que se utilizava num banquete importante não servia apenas para conferir sabor aos pratos; era usado também como matéria plástica, para confeccionar objetos e construir cenografias. É o que veremos também no palácio Bentivoglio, na festa das núpcias de 1487.

Depois dos doces de abertura, os comensais veem chegar, por ordem: pombos assados, iscas de fígado de porco no espeto, tordos, perdizes, acompanhados de azeitonas e uvas-passas, em 125 pratos de prata, "colocado um só prato entre dois e dois, e, assim como essas coisas, os outros alimentos também". Aqui o cronista atesta um uso costumeiro na época: os pratos e pratinhos, distribuídos pelas mesas em grande quantidade para que todos tenham acesso e possam se servir, são sempre partilhados pelo menos por dois comensais. A ideia de um prato individual, que hoje nos parece normal, era inconcebível naquela época, visto que o que se apreciava era enfatizar a dimensão coletiva do evento: a comensalidade, o "comer juntos" que representava e celebrava a pertença ao grupo. Comer juntos como metáfora de viver juntos, de participar de interesses comuns. É o que sugeria a palavra *convívio*, como banquete.

O pão não ficou sobre a mesa, mas era servido num cesto dourado que os criados faziam passar às costas dos comensais.

Mas vem o primeiro golpe de cena. De súbito aparece um castelo de açúcar, "com as ameias e torres muito artificiosamente executadas", cheio de pássaros vivos. Os criados o põem no centro da sala (as mesas estão colocadas ao redor, ficando o centro como espaço de exibição e de espetáculo) e prontamente os pássaros saem voando, "para grande prazer e divertimento dos convidados". A seguir vêm um corço e uma avestruz, e atrás deles "empadões cobertos" (um prato típico da cozinha medieval e renascentista: uma torta de massa podre recheada com picadinho de carne refogada), seguem-se cabeças de novilhos "com o pescoço", postas em travessas de prata dourada, e capões cozidos, peitos e lombos de bezerros, cabritos, linguiças, pombas, com acompanhamento de "sopas" e "sabores", cremes e molhos. Molhos que sempre acompanhavam as carnes, para corrigir o sabor em função do gosto e do equilíbrio dietético. Por fim chegam os pavões, um espetáculo à parte dentro do espetáculo, todos "vestidos com suas penas como se armassem a roda da cauda". Graças à sua aparência cenográfica, os pavões são o símbolo perfeito do poder senhorial — de fato, apresenta-se um pavão a cada um dos convivas poderosos, "tendo no pescoço um escudo com seus brasões". Seguem-se mortadelas, lebres "vestidas com suas peles, que ficavam de pé, como vivas, com corços também com suas peles".

É o triunfo do artifício: "Todos os animais e aves que foram levados à mesa já cozidos eram tão artificiosamente montados e ornados com suas penas e peles que pareciam vivos." Tudo é simulado e nada é como parece, nesse jogo nos limites do macabro, suspenso entre a vida e a morte, a natureza que cria e a cozinha que recria, fingindo uma naturalidade artificiosa. A cultura medieval (mas também dos séculos seguintes) tem especial fascínio por esse mecanismo do homem que imita e, ao mesmo tempo, manipula a natureza. *Artifício*, com seus derivados, é um termo que reaparece com insistência no texto de Ghirardacci.

Enquanto isso chegam rolinhas e faisões, "de cujo bico saíam chamas de fogo". É um truque que agradava muito à época, bem descrito nos livros de receitas do século XV: o mais célebre, o de Mestre Martino, ensina com todos os detalhes como preparar "pavões revestidos com todas as suas penas que, assados, parecerão vivos e soltam fogo pelo bico", mantendo-os eretos com uma armação de metal e provocando o fogo com cânfora e um chumaço de algodão, embebido em aguardente e vinho forte. Em Bolonha, em 1487, preferiram usar faisões, que, depois da exibição pirotécnica, foram consumidos com seu acompanhamento de molhos, laranjas e "pomos de Adão".

O desfile das carnes é interrompido por um interlúdio de biscoitos, marzipãs ("tortas de açúcar com amêndoas") e queijos fresquíssimos (postos a escorrer sobre vimes e por isso chamados de "juncadas"). Mas logo retornam "cabeças de cabrito, rolinhas, perdizes assadas", seguidas por outro castelo de açúcar. Se do primeiro saía uma revoada de pássaros, deste sai um bando de coelhos, "correndo daqui para lá entre risos e prazer dos convidados". E, prosseguindo no jogo da ficção, junto com o castelo aparecem coelhos refogados "compostos de tal maneira que não pareciam diferentes dos que saíram do referido castelo".

Nessa altura encerra-se o primeiro "serviço".

Como todo espetáculo que se respeita, o banquete tem um momento de pausa e os atores trocam de roupa: todos os trinchadores que estavam vestidos com cores prateadas agora vestem novos uniformes "de tecido carmesim". Passou das cinco da tarde "e portanto finda a luz do dia". Acendem-se as mechas dos candelabros. A segunda parte da representação pode começar.

O início gostaria de ser surpreendente, e em parte o é, mas fica nas trilhas do *déjà vu*. Com efeito, aparece (adivinhem) um terceiro castelo de açúcar: dessa vez abriga "um grande porco", que, por motivos óbvios e à diferença dos pássaros e dos coelhos, não é solto entre os convivas: "Colocado no meio da sala, não podendo sair do castelo, grunhindo põe-se de pé entre as ameias, ora por uma, ora por outra, rugindo." Entre o divertimento e a apreensão dos convidados, os trinchadores mandam servir à mesa (adivinhem) "leitões assados inteiros", com o couro bem dourado, "que tinham uma maçã na boca". Sucedem-se "assados de diversos tipos, patos selvagens e semelhantes".

No plano gastronômico, é fácil adivinhar a lógica do banquete: na primeira parte, serviram-se predominantemente carnes refogadas e cozidas ("em guisado", escreve Ghirardacci); na segunda, predominam as carnes assadas. Em todo caso, são sempre carnes: constituem o tema condutor do banquete, não só por ser dia de festa, não só por ser carnaval, mas porque a dieta aristocrática — na Idade Média e não só — tem a carne como seu primeiro e principal elemento de identidade.

No entanto, algo mudou em relação aos primeiros séculos da Idade Média. Na época de Carlos Magno, os senhores gostavam de se mostrar, acima de tudo, como robustos guerreiros e colocavam no topo dos valores alimentares a veação de grande porte, as carnes de cervo, de urso ou de javali, consideradas ideais por serem mais nutritivas, corroborantes, próprias para formar músculos e fornecer força física: assim ensinavam os textos de dietética e assim sugeria o senso comum, mesmo porque ir à caça do urso ou do javali demandava energia, coragem, disposição de se arriscar. As carnes mais delicadas das aves pareciam menos adequadas a tal finalidade, e no máximo entravam na dieta dos monges, a qual privilegiava as razões do espírito sobre as do corpo e por isso desconfiava do consumo cárneo, mas tendo margem maior de tolerância para com as carnes "leves".

Depois desse *flashback*, voltemos ao banquete bolonhês de 1487 e pensemos novamente na lista de carnes que foram servidas: perdizes, tordos, pombas, patos, rolinhas, capões, faisões — para não falar dos pavões. Aves de todas as espécies. Além disso, grelhados e guisados de cervos e bezerros, de javalis e gamos; mas o que dá o tom são decididamente as aves. No fim da Idade Média, isso ocorre em todos os lugares da Europa, nos banquetes da alta sociedade. O que aconteceu?

Aconteceu que os nobres do século XV mudaram, pelo menos em parte, os paradigmas de sua identidade e as maneiras de mostrá-la em público. Ainda são assíduos combatentes, mas seu prestígio social e político não se mede mais (não exclusivamente, pelo menos) no campo de batalha, mas sim na vida de corte, na capacidade de reunir as pessoas certas, de escolher os alimentos mais refinados e de servi-los em formas vistosas. A política e a diplomacia prevaleceram sobre a arte militar. Essa nova nobreza também se ocupa de arte, música, literatura, teatro: muitas cortes da época são verdadeiros cadinhos de cultura. Os alimentos que despertavam o apetite de Carlos Magno não se prestam mais a representar a nova realidade: a dieta desses novos senhores continua a ter a carne como base, mas agora são principalmente as aves que expressam a identidade social, o novo modo de ser e exercer o poder.

Persiste — ao que parece — um imenso apetite: se Carlos Magno e seus homens apreciavam a capacidade de comer muito como sinal de força e de excelência social, Giovanni Bentivoglio não parece apreciar menos, nem pedir menos a seus convidados, afogados sob uma incrível quantidade de comida. Mas não nos deixemos enganar pelas aparências. São pessoas habituadas a comer muito, mas não por obrigação. Os alimentos são trazidos em grandes pratos comuns, dos quais cada um se serve à vontade, decidindo o que e quanto comer. Ninguém come o mesmo que o outro. Hoje, somente o sistema de bufê nos oferece essa liberdade; na mesa, estamos acostumados a ver as mesmas coisas servidas a todos — mas é uma prática que surgiu na Europa somente no século XIX. A exibição dos alimentos sobre as mesas medievais se assemelha a uma "lista dos pratos" que, porém, não se limita a enumerar as possíveis escolhas — como nos restaurantes modernos —, mas coloca-as realmente à disposição dos convidados.

Ao término, sobrará muita coisa nas mesas. Mas atenção: não se jogará nada fora. A sociedade medieval conhece o prazer da ostentação, mas não a loucura do desperdício, o qual só recebeu um sentido aparente com a civilização do consumo. Os restos, mais ou menos abundantes, terão um bom fim: serão aproveitados pelo pessoal de serviço, pelos pobres que esperam nas portas, pelo povo que festeja. A reciclagem é total e até prevê a venda pública dos alimentos não consumidos. Uma verdadeira "economia das sobras", administrada pelos trinchadores do palácio.

Voltemos a nosso banquete. Finda também a terceira cena (com o terceiro castelo e os últimos pratos de carne), chegam as "gentilezas" finais: "potes de leite" (pudins à base de nata), gelatinas, "peras desfeitas" (cozidas no vinho e polvilhadas com açúcar), docinhos, marzipãs. Agora é o momento de limpar as mãos, e circulam jarros de ouro e de prata com "água odorífera". Enfim, vêm os "confetes de diversos tipos", confeitos de açúcar — grande protagonista do dia —, com "preciosíssimos vinhos".

Na verdade, sobre os vinhos servidos à mesa não sabemos muita coisa: o cronista nos informa apenas sobre as malvasias e os moscatéis iniciais e esses vinhos preciosos com que se encerra o banquete. É sempre assim, nas narrativas medievais ou renascentistas: a atenção se concentra nos alimentos, nunca nos vinhos, que podemos imaginar que são numerosos e de vários tipos, eles também (como os alimentos) servidos à vontade dos convidados. Naquela época seria inconcebível que alguém — hoje chamaríamos de *sommelier* — impusesse ou mesmo apenas sugerisse uma combinação "correta": a liberdade de escolha individual era respeitada de forma absoluta. *De gustibus non est disputandum*, dizia um famoso adágio medieval: gosto não se discute, pois cada um tem o direito (e o dever, pela própria saúde) de seguir a inclinação pessoal. Se realmente quisermos indicar uma regra geral, seguindo as parcas sugestões dos textos dos séculos XV e XVI, diríamos que os alimentos muito temperados e de sabor muito acentuado pedem — à diferença do que poderíamos esperar — vinhos frescos e leves, por causa do princípio de compensação que rege a cultura dietética e gastronômica da época.

Como já dissemos, o banquete terminou à "terceira hora da noite", isto é, por volta das oito. E aqui "trombetas e pífaros e outros instrumentos" chamam a atenção do grupo agora provavelmente muito ruidoso. Restabelecido o silêncio, Lorenzo Riessi recitou "uma elegante e douta oração latina", um *epitalamio* expressamente escrito para as núpcias. Terminada a leitura, todos os senhores, ou seus embaixadores, levaram seus presentes à noiva. Após mais essa longa cerimônia de homenagem, "começou-se a dançar ao som dos pífaros e outros instrumentos", prosseguindo até a meia-noite. Só então "cada qual se foi deitar".

Na manhã seguinte, Giovanni Bentivoglio, com toda a família e hóspedes, se dirige à igreja de São Petrônio (o patrono da cidade) para uma missa solene cantada e para render graças a Deus "por tão próspero e feliz sucesso". Terminada a celebração, todos voltaram ao palácio; chegando a hora do almoço, "puseram-se à mesa na mesma ordem do dia anterior e lautissimamente se banquetearam". Dessa vez não há detalhes do cardápio; sabemos somente que, "terminado o banquete, com música e danças passaram boa parte do dia". Então seguem para os jogos, com os quais chegam à noite e dançam novamente "até a hora da ceia, a qual chegando e assentados à mesa, tal como antes foram lautamente recebidos e, terminada a ceia, voltaram às danças e à música".

A missa da manhã seguinte, ao que diz a narrativa, é em São Tiago, seguida por "um bom almoço" servido enquanto os convidados assistem a um "carrossel", ou seja, um torneio. Depois, cada senhor é presenteado com uma escultura de açúcar, a qual traz algum tipo de referência a seu brasão ou aos locais (ou características) de seu domínio. Entre carros triunfais, navios de guerra, dragões, ursos, serpentes e os mais variados animais imaginários, figuras alegóricas, heróis míticos, fontes da juventude e amenidades similares, destacam-se mais uma vez os castelos, símbolos por excelência do poder político: ao comissário do pontífice coube "um castelo feito à semelhança do Castello Sant'Angelo de Roma"; ao comissário do rei de Nápoles, "Castel Nuovo"; ao comissário do duque de Urbino, "uma fortaleza"; ao comissário do senhor de Camerino, "uma Fortuna sobre um castelo"; ao senhor de Rimini, "um leão sobre um castelo"; ao magnífico Lorenzo de' Medici (que também participou do evento), "um castelo com um pavão"... Todas elas são microarquiteturas de açúcar, "feitas com tanta maestria e artifício, que causavam a cada um não pouca admiração". Antes de serem entregues aos destinatários, "foram conduzidas três vezes ao redor da sala pelos criados, para maior deleite de cada um", mais ou menos como se fizera dois dias antes com os alimentos, que haviam desfilado pela praça antes de entrar na sala do banquete.

Na praça, tem-se mais um "carrossel", até cerca das sete horas, e a noite se encerra com fogos, "feitos com artifício no centro da praça... onde estavam muitas serpentes artificiosamente feitas, que sustentavam uma grande bola cheia de artificiosos canos de pólvora de bombardas". Com tais girândolas e fogos de artifício ainda estamos acostumados, mas é talvez o único *artifício* que continua a nos surpreender agradavelmente.

Os Bentivoglio não tiveram muita sorte como senhores de Bolonha, e seu palácio, palco do espetáculo de 1487, teve vida breve. Passados apenas vinte anos, os adversários políticos e a fúria popular o puseram ao chão, para a satisfação do papa Júlio II, que assim reconduziu a cidade a seu domínio direto. O palácio foi destruído até os alicerces e o local, desde então, recebeu o epíteto de "devastado". Hoje abriga o teatro municipal da cidade. O espetáculo continua.

BANQUETES DE ARTISTA

Bizarrias de um grupo de folgazões
Florença, 1512

"Companhia do Caldeirão": tal era o nome de um curioso grupo de artistas e artífices, fundado em Florença no início do século XVI pelo escultor Giovan Francesco Rustici, colaborador de Leonardo.

Assim conta-nos Giorgio Vasari nas *Vite de' più eccelenti pittori, scultori e arquitettori italiani*, a primeira obra moderna de história da arte, publicada em 1550 e reeditada em 1568 com vários acréscimos (entre eles, a biografia de Rustici). Não houve, assevera Vasari, homem "mais agradável e caprichoso" do que ele, que reunia em torno de si uma "brigada de cavalheiros", pintores, escultores, ourives, músicos: por norma apenas doze, mas frequentemente em número muito maior, dado que, "para certas ceias e passatempos", cada um podia convidar até quatro amigos.

A regra era a seguinte: todos deviam levar "alguma coisa como ceia, feita com alguma bela invenção". A cada vez escolhia-se um "senhor" da noite, um anfitrião ao qual se apresentavam as "ceias" preparadas por cada um. Trocava-as entre os presentes e, uma vez na mesa, cada um provava do prato dos outros, e assim todos provavam de tudo. A originalidade era de rigor: se dois comensais preparassem o mesmo prato, sofriam uma punição.

O dono da casa se empenhava em surpreender os convidados com invenções sempre novas. Uma vez, Giovan Francesco os acomodou dentro de "um enorme caldeirão feito com uma tina", para parecer que estavam mergulhados na água do caldeirão. As comidas foram servidas ao redor, enquanto a alça do caldeirão, pendurada no alto, "formava um belíssimo candelabro no meio".

Quando todos se sentaram à mesa dentro do caldeirão, do centro dele ergueu-se uma árvore com muitos ramos "que estendiam a ceia", isto é, as comidas, duas por prato. Depois a árvore se recolhia, "onde havia pessoas tocando", e dali a pouco voltava a subir, estendendo a segunda rodada de pratos, depois a terceira e assim "de vez em vez", enquanto os criados ao redor serviam vinhos preciosos.

Essa invenção do caldeirão, ornado de telas e pinturas, agradou muito aos amigos da companhia — que talvez tenha adotado o nome de Companhia do Caldeirão justamente após esse banquete.

Naquela ocasião, o prato apresentado por Rustici foi "uma caldeira feita de massa de torta recheada, dentro da qual Ulisses mergulhava o pai para fazê-lo rejuvenescer". Com efeito, as duas figuras eram "capões cozidos que tinham a forma de homens", vestidos com várias coisas "todas boas de comer".

Não menos bizarra foi a invenção do pintor Andrea del Sarto, que apresentou um templo de oito faces, "semelhante ao de San Giovanni", mas apoiado sobre colunas; o piso era um enorme prato de gelatina "com divisões de várias cores de mosaico"; as colunas, que pareciam de pórfiro, eram "grandes e gordas linguiças", as bases e os capitéis eram de queijo parmesão, o beiral de pasta de açúcar, a tribuna de marzipã. A descrição do púlpito colocado no centro do coro é quase surreal: "Feito de vitela fria com um livro de lasanha, cujas letras e notas a serem cantadas eram feitas de grãos de pimenta; e os que cantavam no púlpito eram tordos de bico aberto e eretos, com certas camisolas à guisa de cotas feitas de tripa fina de porco; e atrás deles, como baixos, estavam dois pombos gordos, com seis sombrias que faziam o soprano."

Da Companhia do Caldeirão nasceu outra companhia geminada de folgazões. Certa noite, Feo d'Agnolo, "tocador de pífaros e pessoa muito agradável", preparara o jantar no horto do Campaccio. Enquanto os convidados comiam ricota, um deles, chamado de Baia, notou num canto do horto um montinho de cal, com uma colher de pedreiro que um trabalhador deixara ali no dia anterior. Baia pegou a colher como se fosse uma concha, encheu-a de cal e "colocou toda na boca de Feo", que esperava um bocado de ricota. A turma deu boas risadas, começaram a gritar "colher, colher" e *ipso facto* constituiu-se uma nova companhia, denominada Companhia da Colher. Seus membros teriam sido não mais doze, mas vinte e quatro, doze "para a maior" e doze "para a menor" — números, em todo caso, "apostólicos", embora com objetivos dessacralizantes. Corria o ano de 1512. Na ocasião, escolheu-se também um protetor ou "advogado" da companhia: Santo André, "cuja data festiva celebravam solenemente, fazendo um jantar e banquete, segundo seus capítulos, belíssimo".

As festas organizadas por esses excêntricos personagens, entre improváveis cenografias, arquiteturas comestíveis e uma inegável tendência ao *kitsch*, "foram infinitas". Hoje — escreve Vasari referindo-se à sua época, uma geração depois — elas estão "quase totalmente em desuso". São os anos do Concílio de Trento... Mas, mesmo assim, ele quer contar algumas experiências especialmente curiosas, daquelas que ainda eram comentadas por suas extravagâncias.

A primeira festa da Companhia da Colher ocorreu no local chamado Aia de Santa Maria Nuova. O anfitrião escolhido, o pintor Giuliano Bugiardini, dispôs que cada um se apresentasse vestido como bem entendesse, mas que, se aparecessem dois com as mesmas roupas, "seriam condenados". Assim, apareceram "as mais belas e bizarras extravagâncias que se podem imaginar". Os lugares na mesa foram atribuídos "segundo as qualidades das vestimentas":

quem usava hábitos principescos foi colocado "nos primeiros lugares", a seguir os vestidos como ricos fidalgos, enquanto "os vestidos de pobres" tiveram de se contentar com os "últimos e mais baixos graus". Escolha de absoluto convencionalismo, que quase parece destoar numa companhia tão singular, a menos que a interpretemos como uma provocação carnavalesca: permitir a cada qual se fantasiar a seu gosto e, por uma noite, tomar a forma como conteúdo, invertendo a realidade.

O tema dos trajes, isto é, das aparências, reaparece com insistência nesses jantares. Vasari relembra outro, comandado pela dupla Bugiardini-Rustici (visivelmente os dois animadores da companhia), ao qual todos deviam comparecer "vestidos de pedreiros e ajudantes braçais": os primeiros com "a colher de pedreiro que cortasse e o martelo à cinta", os segundos "com o balde e as manivelas de erguer, e apenas a colher de pedreiro à cinta". Apresentou-se a todos a planta de um edifício "que deveria ser construído para a Companhia"; acomodados os mestres pedreiros à mesa, os ajudantes começaram a trazer "as matérias-primas para fazer os alicerces": travessas cheias de lasanha "para a massa de cal", e ricotas misturadas com açúcar; uma areia feita de queijo, misturado com especiarias e pimenta; para o cascalho, grandes confeitos e pedaços de *berlingozzi* (roscas com sabor de frutas cítricas). Os "azulejos, tijolos e lajotas" para a construção eram pães e fogaças postos em cestos e travessas. Depois veio "uma laje", mas, como não parecia muito bem acabada, julgaram que deviam rompê-la e quebrá-la. Dentro dela encontravam-se tortas, iscas de fígado e muitas outras coisas. Então chegou uma grande coluna "enfaixada por tripas de vitela cozida". Removida a tripa (que, na cozinha renascentista italiana, não é só um prato popular, mas aparece também nos cardápios da nobreza), distribuem-se as carnes de vitela e de capão que compõem a própria coluna. Por fim, consumiu-se a base, que era de queijo parmesão, e o capitel "maravilhosamente decorado com entalhes de capão assado, fatias de vitela e com a cimalha de línguas". A esse ponto, trouxeram num carrinho um pedaço de arquitrave com friso, beiral e tudo, composto por dentro de tantos alimentos "que seria longo demais enumerá-los todos".

Outras vezes, as arquiteturas conviviais servem para representar histórias, narrativas, mitos. Especialmente trabalhoso foi o evento dirigido por Matteo Panzano — outro pintor da época — que se inspira nas vicissitudes de Ceres, Prosérpina e Plutão (versões latinas de Deméter, Perséfone e Hades), um dos mitos fundadores da cultura grega, para encenar um banquete realmente *infernal*. A história é conhecida: Hades/Plutão, deus dos ínferos, rapta Perséfone/Prosérpina, filha de Deméter/Ceres, deusa da agricultura (Prosérpina, a filha, simboliza seu fruto, isto é, a colheita dos cereais). Para recuperar a filha, Ceres pede ajuda aos homens e aos deuses, ameaçando carestia e fome se não a ajudarem. As coisas, porém, se complicam porque no meio-tempo Prosérpina cai na armadilha amorosa de Plutão, que se casa com ela e a quer a seu lado. No fim chega-se a um acordo: Prosérpina viverá uma parte do ano debaixo da terra com o marido e a outra parte do ano com a mãe, em benefício dos homens e dos deuses (aos quais os homens prestarão sacrifícios para agradecê-los pela boa colheita).

O mito representa simbolicamente o ciclo do trigo, desde o enterramento anual (a semeadura) até a colheita de verão, quando o trigo sai do solo. Nossos artistas florentinos reevocam o mito num tenebroso banquete, cujo palco é o mundo dos ínferos.

Ceres em pessoa recebe os convidados, pedindo que a sigam ao reino de Plutão em busca da filha. Assim, são acompanhados a uma sala escura, atravessando uma enorme boca de serpente que faz as vezes de porta. Aparece Cérbero latindo, Ceres lhe pergunta se a filha está lá dentro: sim, está ali, mas Plutão não quer devolvê-la, e, aliás, convida o grupo todo para o banquete de casamento que está sendo preparado. Todos entram naquela boca cheia de dentes, a qual, tendo dobradiças, abre-se e se fecha a cada um que passa. Por fim encontram-se numa sala circular, em escuridão profunda, mal e mal alumiada por uma pequena vela. No meio, "um diabo horroroso" empurra-os com um forcado até seus assentos. As mesas estão "guarnecidas de negro".

Plutão determina que, durante os festejos de suas núpcias, cessem "as penas do inferno". Quais penas? Ei-las pintadas nas paredes da sala, "todos os compartimentos do reino dos condenados e suas penas e tormentos". Acende-se uma tocha diante de cada compartimento, numa espécie de imagem fixa que permite aos convidados darem uma olhada no que se passa. É visível a revisitação em chave cristã do Hades plutônico: o mito é o antigo, mas o diabo, os compartimentos, os tormentos são citações do Inferno dantesco.

A esse ponto começa "a infernal ceia", caracterizada por comidas deliciosas, mas de aspecto horrendo: "Todos animais nojentos e feiíssimos na aparência, mas por dentro, sob a forma da torta e cobertura abominável, havia alimentos delicadíssimos." Por fora, parecem serpentes, cobras, sardões, lagartixas, tarântulas, sapos, escorpiões, morcegos; por dentro, "havia a composição de excelentes comidas". Quem serve é o próprio diabo em pessoa, com uma pá, enquanto um companheiro seu verte vinhos preciosos de um chifre de vidro, "feio e desagradável por fora".

Esses pratos "foram como que um antepasto", e logo a seguir vieram frutas e confeitos, "fingindo que a ceia, que mal começara, havia terminado". À brincadeira gastronômica acrescenta-se a *gag* de servir docinhos de relíquias: ossos como que de mortos, "ao longo da mesa inteira".

Então Plutão anuncia que a festa acabou, que vai se retirar com Prosérpina e que as penas dos condenados podem ser retomadas. Um vento gélido apaga as tochas e começam-se a ouvir ruídos, gritos, vozes horríveis e assustadoras. Entre as trevas enxerga-se Baia, especialista em fogos de artifício e por isso chamado de "bombardeiro", que Plutão condenou ao inferno "porque em suas girândolas e máquinas de fogo sempre tomou como objeto e invenção os sete pecados mortais e coisas do inferno".

Mas de repente o fúnebre cenário se desvanece. A brincadeira acabou, acendem-se as luminárias, um "serviço real e riquíssimo" se estende magicamente sobre a mesa. O restante da ceia, "que foi magnífica e honrada", encaminha a insólita noite à sua conclusão. O último toque de desvario "é uma nave repleta de várias cargas", com falsos mercadores que conduzem gradualmente os homens da Companhia às salas de cima, onde está preparado um palco da maior elegância. Ali será declamada até o alvorecer a comédia *Filogenia*, "que foi muito louvada".

A certa altura, Rustici e seus amigos sentem que exageraram e decidem virar a página. Mas, fiéis até o limite à sua missão de artistas, procedem com uma *fiction* espetacular, que servirá de advertência sobre a necessidade de não desperdiçar recursos e de pensar nas necessidades dos pobres. A encenação ocorre na habitual Aia de Santa Maria Nuova e a "senhoria" do evento coube mais uma vez a Rustici (não esqueçamos que é sua biografia que dá azo a narrar essas histórias singulares), o qual reconstitui uma fachada do hospital dos pobres e peregrinos, representando na entrada atos de caridade e solidariedade cristã. Ao ingressar, os convidados se viam numa grande sala "preparada como um hospital", com leitos ao longo das paredes e, no centro, um grupo de pândegos "vestidos como mandriões, vigaristas e pobretões", os quais, fingindo não serem vistos pelos recém-chegados, "diziam as mais péssimas coisas do mundo" sobre os que dissipavam seus haveres em festas e banquetes.

Então chega o próprio Santo André em pessoa, "o advogado" da Companhia, que, "tirando-os do hospital, levou-os a uma outra sala magnificamente montada, onde, assentados à mesa, cearam alegremente". Ao final do jantar, o santo lhes ordenou que, "para não exagerarem em despesas supérfluas e se manterem longe dos hospitais, se contentassem com uma festa por ano, principal e solene".

Motivos de saúde, portanto, não só do bolso. Vasari não especifica a quem coube o papel de André naquela representação — talvez ao próprio Rustici?

Em todo caso, "obedeceram-no" e desde então limitaram-se a um só "belíssimo jantar" ao ano, seguido por uma comédia. Na época, apresentaram-se as peças *Calandria*, do cardeal Bernardo Dovizi, chamado de Bibbiena, *Suppositi* e *Casaria* de Ariosto, *Clizia* e *Mandrágora* de Maquiavel, "com muitas outras". A companhia banqueteira transferia a vocação artística de seus integrantes das cenografias conviviais para as teatrais — ou, melhor dizendo, de um teatro para outro.

SABORES E HARMONIAS

Música, teatro, cozinha na corte d'Este
Ferrara, 1529

As artes se atraem, gostam de se manter em companhia, de se valorizar mutuamente.

A arte da mesa, quando dispõe os convidados, organiza a cena, enriquece o repasto com guarnições e decorações que remetem ao comer, mas falam aos olhos, move-se numa dimensão *espacial* que facilmente evoca as artes plásticas e visuais: arquitetura e escultura — com alguns acenos à pintura — sucedem-se nos triunfos do açúcar, nas decorações dos recipientes, nas formas dos pratos e das comidas. A mais íntima essência dessa arte, porém, tem uma natureza *performática*, pois o convívio à mesa é teatro, espetáculo, evento. A própria cozinha, como toda arte performática, é fugaz e transitória: sua especificidade consiste no consumo do alimento, gesto que não pode se reproduzir porque seu objeto desaparece no próprio ato. Talvez por isso a culinária tenha desenvolvido uma vocação especial para se unir a expressões artísticas como a música e o teatro, tal como ela destinados a desaparecer no gesto que lhes dá vida. Artes efêmeras, *happenings* irrepetíveis. A mesa os hospeda com frequência e com prazer. É usual e antigo o costume de acompanhar o repasto com a música, a dança, o teatro. O que torna habitual essa presença não é apenas seu caráter agradável, mas a afinidade profunda entre tais experiências: a música que desvanece ao ser ouvida, a dança e o teatro que desvanecem no movimento do corpo, o alimento que desvanece no ato de ser consumido.

Se a prática é antiga e duradoura, não há representação mais precisa do que a oferecida por Cristoforo Messi Sbugo, "provedor geral" e superintendente de mesa na corte d'Este, em Ferrara, na primeira metade do século XVI. Sua obra maior, *Banquetes, composição de pratos e preparação geral*, publicada um ano após sua morte, em 1549, traz não só uma importante coletânea de receitas — entre as mais ricas do século —, mas também descrições meticulosas de muitos eventos conviviais organizados para este ou aquele senhor. Além de citar as várias rodadas e pratos, Messi Sbugo descreve os espetáculos que acompanhavam os banquetes: as peças teatrais, as danças, as mímicas, as músicas que foram tocadas, por quem e com quais instrumentos.

Entremos na corte de Ferrara em 24 de janeiro de 1529. É domingo e nosso Cristoforo preparou a suntuosa "ceia de carne e peixe" encomendada por Ercole d'Este, duque de Chartres e futuro herdeiro do ducado d'Este. São três os convidados a quem Ercole oferece o banquete: o pai Alfonso I, duque de Ferrara, viúvo de Lucrécia Borgia; a marquesa de Mântua, Isabella d'Este Gonzaga; Renata, duquesa de Chartres, filha do rei da França Luís XII, casada no verão anterior com o próprio Ercole. O matrimônio foi celebrado em Paris e esse banquete — o mais suntuoso jamais preparado por Messi Sbugo — é a festa final do evento.

Outros ilustres convidados são o arcebispo de Milão, os outros filhos do duque, Francesco e Ippolito, um embaixador do "rei cristianíssimo", ou seja, o imperador Carlos V, dois embaixadores do Senado de Veneza. Além deles, foram convidados numerosos senhores e damas, "tanto de Ferrara como de outros lugares", num total de 104 pessoas — sem contar o duque de Ferrara, a marquesa de Mântua e a duquesa de Chartres, "os quais comeram juntos, separados dos outros". A única coisa que escapa nessa apresentação é onde se encontra Ercole, o comitente.

Antes de entrarmos na descrição do banquete, detenhamo-nos para considerar pelo menos dois aspectos. O primeiro é de ordem cerimonial: o fato de que os senhores de maior importância comam *separados* de seus convidados implica uma ideia de poder que já se afastou da concepção medieval. O príncipe, agora, não é mais o primeiro entre seus pares, o chefe do grupo que se fecha em torno dele e nele se reconhece: é diferente e está acima dos outros. Esse modo de representar a hierarquia política se especifica nos séculos da época moderna, em paralelo com o desenvolvimento das monarquias absolutas: o rei está fora do corpo social, domina-o, mas não faz parte dele, e por isso não pode partilhar a mesa e a comida. O rei come só, e assim o duque também, que o imita no pequeno estado d'Este em que nos infiltramos.

Segunda consideração: o cardápio de "carne e peixe" nos revela que agora, no século XVI, e principalmente numa corte "laica" como a ferrarense, é possível ver o peixe não como um sucedâneo da carne nos períodos de magro, mas como alimento que se aprecia à mesa simplesmente porque agrada. A contraposição carne/peixe, ligada ao calendário litúrgico, aqui cede lugar a uma proposta gastronômica mais livre e não ritual. Misturar carne e peixe não é proibido, de regra, mas os dois gêneros mantêm uma carga "de oposição" muito forte, que torna no mínimo invulgar a escolha de Ercole para esse especialíssimo evento.

A noite tem como palco o salão do palácio, ornado com cortinados de brocado, que transformam o ambiente num local de fábula, um recanto recolhido e protegido, quase fora do mundo. Antes do jantar, encena-se uma comédia de Ludovico Ariosto, que, naqueles anos, oferece aos senhores de Ferrara sua arte poética e teatral, além de uma colaboração política e diplomática. Hoje apresenta-se a *Casaria*, obra leve, seguindo o modelo do teatro clássico de Plauto, com os previsíveis enredos de intrigas amorosas, escravos resgatados, ludíbrios e enganos. Ariosto já a escrevera em prosa, cerca de vinte anos antes; nessa noite, repropõe sua adaptação em versos.

Terminada a comédia, os convivas se retiram para duas salas contíguas, entretendo-se "com músicas e diversos raciocínios", enquanto se prepara no salão a mesa, com 55 braças de comprimento (mais de trinta metros), sobre a qual são dispostas três toalhas, uma sobre a outra, que servirão para marcar as fases do banquete. Para não as atravancar com candelabros pesados, o que dificultaria a passagem de uma fase a outra, pendem do forro 48 "castiçais duplos de cera branca", que iluminarão a noite. Na mesa estão dispostos 25 saleiros de prata e 104 guardanapos (um para cada convidado), dobrados "de várias maneiras", segundo as regras de uma arte em voga, que não tardará a ser codificada: no século seguinte, sairá um tratado sobre o tema, ilustrando "com grande facilidade o modo de dobrar todas as espécies de panos de linho", publicado por Mattia Giegher, trinchador da Bavária a serviço em Pádua. Cada guardanapo tem ao lado uma faca; de garfos, não há sinal. Depois dispõe-se o pão: "um pão macio de açúcar e leite", o mais macio e doce que se possa desejar. Junto do pão, uma pequena rosca (*brazzatella*) e dois docinhos à base de pistache, açúcar, amido e água de rosas. Flores de ouro e seda completam o *couvert* dos comensais. Nos dois lados da longa mesa, destacam-se as mesas de serviço: à direita, "três mesas grandes para os despenseiros"; à esquerda, "duas mesas grandes para os garrafeiros, com diversas espécies de vinhos preciosíssimos". A cenografia é enriquecida por 25 grandes figuras de açúcar douradas e pintadas, "as quais representavam as forças de Hércules, quando venceu o Leão". A referência mitológica adquire especial intensidade simbólica num jantar oferecido por Ercole d'Este, que dali a poucos anos, com a morte do pai (1534), se tornará senhor da cidade.

Os convidados ainda não tomaram seus lugares. Antes que o façam, o pessoal de serviço dispõe na mesa os tira-gostos de boas-vindas. Estão dispostos em pequenos pratinhos (104, como o número dos convidados) e em pratos maiores (em número de 256). O mesmo esquema continuará, com precisão aritmética, em todas as sete "comidas", isto é, pratos, que marcarão os tempos do banquete: 104 ou 25 porções, conforme o caso — com a ressalva de que, nas "comidas" subsequentes, tudo será servido em 25 grandes travessas, cada uma delas podendo conter porções individuais (normalmente 104) ou a serem divididas (na maioria das vezes 25). Todos poderão se servir de tudo, ao longo da mesa comum, porque o número de pratos e pratinhos garante a distribuição capilar de cada alimento servido.

Salada de alcaparras, trufas e uvas-passas em barquetes; salada de endívia, pontas de chicória, raponços e cidra; salada de anchovas; rabanetes grandes e pequenos (os primeiros "entalhados com diversas figuras e animais"); pudins de nata; fatias de presunto, línguas de boi salgadas, *sommate* (mamas salgadas) fritas e polvilhadas de açúcar e canela; almôndegas de javali; grandes mortadelas de fígado; *maroacas*, isto é, "meggie [um tipo de peixe] grandes defumados, sem pele"; bolinhos salgados; dourados marinados em escabeche, com folhas de louro. Tais são as comidas postas na mesa antes que os comensais se acomodem. É de se notar a destacada presença de saladas e vegetais: é uma característica da cozinha italiana (inclusive da aristocrática e burguesa) que se manteve intacta desde a Idade Média até hoje.

Com um pouco de imaginação e sem nos deixarmos enganar pelos preconceitos ideológicos com que a cultura dominante marginaliza e despreza a cultura popular, podemos ver a contribuição que a tradição camponesa, durante os séculos, deu à cozinha urbana e cortesã, tornando-a mais variada, rica e apetecível.

A estreita relação entre cidade e campo, típica da história italiana, assume sob essa perspectiva uma evidente relevância gastronômica. Tanto é verdade que é exatamente essa capacidade de valorizar verduras e legumes — isto é, de reelaborar, no registro da alta gastronomia, os traços dominantes da dieta rústica — que tem sido a principal contribuição da Itália à cultura gastronômica europeia, a começar pelos séculos XV-XVI.

Ao som das trombetas, os convidados começam a entrar. Depois de refrescar as mãos com água perfumada, assentam-se à mesa "com as supracitadas coisas". Então chega a "primeira comida", o primeiro serviço de cozinha. Messi Sbugo é preciso ao descrevê-lo: 25 pratos de bocados de carne de capão, "envoltos em manjar branco" (um creme de cor branca), fritos e passados no açúcar; 25 pratos contendo 104 codornas, 104 almôndegas (*tomaselle*), fígados de capão envoltos em tela e assados; 25 pratos contendo 52 faisões assados (visivelmente, um para cada dois comensais) e servidos "com fatias de laranja". Depois, uma sopa de cebola ou *carabaccia* — uma das muitas preparações cuja receita é fornecida por Messi Sbugo na segunda parte da obra, depois das crônicas dos almoços e jantares apresentadas na primeira parte. E também folhados de pinoles, "raviólis" de peixes (garoupas, trutas, lúcios) envoltos em tela, caudas de truta fritas e em escabeche (curtidas no vinagre) com fatias de limão por cima, barbos fritos, enguias envoltas em massa de amêndoas, dentelhas no caldo. Uma "comida", como todas as subsequentes, sob a insígnia da convivência entre carne e peixe. Tudo acompanhado por músicas do senhor Alfonso da Viola, o músico e compositor de corte, que um contemporâneo descreve como "não menos miraculoso no contraponto e na composição do que tocando a viola de arco em concerto".

Messi Sbugo — criado numa família, os Messi de Vicenza, conhecida pelos músicos que tivera — lembra com frequência o senhor Alfonso em seus relatórios de banquetes, entremeando as listas de pratos com a relação das músicas que o maestro ou seus instrumentistas executaram. Sua competência no assunto exprime um grande interesse pessoal, além da especial atenção que a corte de Ferrara dedicava à cultura musical.

Durante a "primeira comida" oferece-se um repertório vocal: "Cantou a senhora Dalida, acompanhada por quatro outras vozes", e depois Alfonso Santo "com cinco companheiros"; com ele cinco violas de arco, um cravo de dois registros, um alaúde, uma flauta e um "meão".

Difícil dizer se a escolha das músicas — seus textos, ritmos, melodias — fora estudada em analogia com os alimentos, imaginando-se assonâncias harmônico-gastronômicas. É o que pode sugerir o cuidado com o detalhe, visível em todas as etapas do evento. Por outro lado, as partituras musicais guardam profundas analogias com as receitas culinárias: "Contêm tudo, menos o essencial", gosta de repetir Gualtiero Marchesi, o mais célebre cozinheiro italiano da penúltima geração. Pois receita e partitura dão todas as instruções para executar o prato ou a música — falta, porém, a interpretação, o *fazer* que nasce do saber fazer e não só do saber ler. Ademais, em ambos os casos trata-se de *composições* (o termo, como se há de lembrar, consta no título do tratado de Messi Sbugo): reunir vários ingredientes e combiná-los num plano que atraia a mente e o paladar não será talvez como reunir as notas, combinando-as em melodias e harmonias agradáveis?

As outras "comidas" seguem um esquema semelhante. A segunda compreende galinhas-do-mato e perdizes turcas assadas, bolos de carne, *cervellati* (uma espécie de salsicha) de panela, miúdos de vitela fritos, polvilhados de açúcar e canela; capões "à alemã" em vinho doce, refogados de pombos "domésticos" em massa podre (a alta cozinha renascentista gosta de alternar a dimensão internacional e a local), peixes fritos e marinados cobertos por um molho frio, postas de linguado em camadas, caudas de camarões grandes, fritos e depois postos em vinagre (é a técnica recorrente do "marinado"), trutas ensopadas, "prato amarelo à napolitana" e "empastes" de *mirasto* alemão: carnes parcialmente grelhadas, depois desmembradas, cozidas na panela, postas no forno e regadas com água de rosas. Enquanto saboreiam-se essas iguarias à mesa, "quatro suavíssimas vozes" cantam diversos madrigais.

Na terceira rodada aparecem perdizes assadas, desmembradas e cobertas de "molho real", coelhos, rolinhas, embutidos amarelos, capões desossados e recheados "à lombarda", acompanhados de salames no caldo — aqui, como em outros lugares, é de se notar que a culinária renascentista não considera necessariamente os embutidos como um alimento "pronto", uma especialidade a ser consumida tal como se apresenta, mas é um produto da despensa que é reutilizado em sucessivos preparos. Depois vêm alguns pombos, esses também "domésticos", mas agora "marinados, enfarinhados e fritos, com fatias de cidra por cima"; pastelinhos recheados de tutano, *miglioramenti* assados, isto é, bolinhos de carne, polvilhados de açúcar e canela, *guoi* (o peixe *go'* ou gobião) fritos e cobertos de molho doce, com pinoles confeitados; trutas à *comacchiese* em caldinho; lampreias assadas com seu molho; raviólis de castanhas. "A essa comida tocaram-se diálogos em oito", divididos em dois coros, quatro vozes em cada coro, os dois grupos acompanhados por quatro instrumentos, um alaúde, uma viola, uma flauta "à alemã" e um trombone.

Continuam a tocar — mesmo depois de retirados os pratos — até chegar a "quarta comida", como sempre composta de carnes e peixes. Cabritinhos recheados e inteiros, *capirotata* (uma sopa de carne de capão moída, com queijo, ovos e caldo) servida com fatias de pão e pedaços de capão. Mais capões, mas agora empanados e "cobertos de raviolinhos": aqui, o que prende nossa atenção é o uso dos raviólis (como, em outros lugares, dos tubos ou outros tipos de macarrão) na função de acompanhamento, como que de "ornamento" do prato de carne — uso que hoje desapareceu na Itália, mas continua vivo nos países além dos Alpes. E pombos recheados "à lombarda" (a expressão volta com frequência para indicar carnes recheadas), temperados com molho "francês".

A lista de peixes se abre com lúcios salgados com molho amarelo — cor especialmente apreciada pelos cozinheiros da época, sinal de alegria e de festa, que à mesa reproduz, com a assídua cumplicidade do açafrão, o modelo ideal do ouro, protagonista, naqueles mesmos séculos, das pinturas sobre madeira. Ao lado dos lúcios, trutas no vinho "à ongaresca", servidas sobre fatias de pão; linguados fritos cobertos de molho branco e de mostarda "do empreendimento do senhor Duque": aqui também, as alusões a culinárias e culturas exóticas não excluem orgulhosas referências à produção local, talvez até a existência de uma fábrica ducal que garanta a qualidade e a pureza da mostarda (ainda hoje, um *cult* da gastronomia padana). Além de tudo isso, os comensais têm à disposição sardinhas fritas. Com laranjas e açúcar por cima, "raviólis de feijão à maneira de pastéis", ou seja, massas ou tortas recheadas e outros "*pastelletti*" de massa de amêndoas, recheados de arroz, fritos e cobertos de açúcar.

Essa rodada, também ela, vem acompanhada pelas músicas de Alfonso da Viola, executadas por cinco vozes do coro ducal e uma vistosa orquestra: cinco violas de arco, uma pequena *rebeca* (outro instrumento de arco, de formato semelhante ao bandolim moderno), uma grande viola chamada "*orchessa*" para servir de "contrabaixo", uma dulciana (espécie de grande oboé) destinada a "segundo contrabaixo", ou seja, a marcar com a *orchessa* a linha harmônica de base, e ainda uma *storta* ou cromorno, um instrumento de sopro com palheta dupla tocado — informa-nos Messi Sbugo — por Giovan Battista Leone: devia tratar-se de um instrumentista especialmente famoso. Completam o grupo duas flautas médias, um órgão de vários registros e uma corneta "surda". Há de se entender, a essa altura, por que o texto dos *Banquetes* chamou a atenção dos estudiosos da história da cozinha e da mesa.

O conjunto vocal e instrumental parece crescer em paralelo à oferta gastronômica. Apesar de uma visível repetitividade, que corre o risco de entediar o mais paciente dos leitores (e, imagina-se, também de algum comensal), a lista dos pratos servidos em cada rodada parece sugerir um progressivo aumento de intensidade, uma crescente "robustez" de sabores — assegurada a liberdade de cada um experimentar, entre os diversos alimentos apresentados, os que estão em maior sintonia com seu desejo. Assim também aumenta a intensidade da música: mais vozes, mais instrumentos, conforme avança a ceia.

Como "quinta rodada", apresentam-se pombos, perdizes, lombos de boi à malvasia (com molho "à alemã"), leitões recheados assados e temperados com mostarda; no lado ictiológico, barbos na grelha com "sabor de *sabba*", ou seja, a *saba* ou *sapa*, mosto fervido e apurado, de sabor dulcíssimo, um produto usado de longa data na gastronomia, desde a antiga cozinha romana, e empregado até hoje nas terras da Emilia e da Romanha. E ainda rissoles fritos servidos com laranjas, "*tortelle*" de trigo com anis e canudinhos confeitados, empadões com picadinho de vitela. A música agora é apenas instrumental e abre espaço aos metais: cinco trombones e uma corneta, para uma sonoridade cada vez mais forte.

Somente então os criados retiram a primeira toalha e trocam o "*couvert*" para os comensais: novos guardanapos, novas facas, os saleiros, um pãozinho de leite. Para decorar a mesa, outras figuras em açúcar que ilustram os trabalhos de Hércules "quando venceu a Hidra".

A "sexta rodada", servida na nova toalha limpa, compreende pavões "*imbroacciati*" (cozidos em caldo quente), lombos de vitela assados com molho de ginja, corços ao molho de limão, "empreendimento de Monsenhor Reverendíssimo", ou seja, caçados pelo duque em pessoa. Depois, javalis em caldo escuro com amêndoas confeitadas, *fiandoni*, isto é, tortas de massa de amêndoa, recheadas de ovos, queijo e açúcar; pavão ao molho; peixe frito marinado e regado com vinagre, servido quente; outros refogados de peixe e, enfim, dourados grelhados com salsinha e cebola, depois passados na manteiga e polvilhados com especiarias.

Em muitos desses pratos, como há de se notar, estamos diante da técnica dos "múltiplos cozimentos", muito frequente na cozinha medieval e renascentista: receitas complexas que passam por uma sucessão e sobreposição de modalidades de cozimento diferentes, para conferir à carne ou ao peixe determinadas consistências ou "texturas", como hoje se costuma dizer. No caso desses dourados, ao assamento segue-se a passagem pela panela. Mais acima, vimos uma complexa receita de *mirasto* com carnes antes grelhadas, depois passadas na panela, depois postas no forno e, por fim, borrifadas com água perfumada.

O acompanhamento musical aqui prevê a participação de Ruzzante, o dramaturgo Angelo Beolco, autor de peças teatrais em dialeto paduano, que se apresenta com cinco companheiros e "duas mulheres" em músicas e madrigais "à pavana", que Messi Sbugo qualifica de "belíssimos". O canto é completado por uma encenação inspirada, como grande parte do teatro de Ruzzante, no mundo rural: os oito executantes "iam ao redor das mesas discorrendo sobre coisas campestres". É o ruralismo de corte, um vislumbre da sociedade camponesa que se insinua na vida senhorial apenas como citação pitoresca e apenas com a finalidade de entreter a nobreza.

Com o mesmo espírito entram em cena, na sétima "rodada", "bufões à veneziana e à bergamasca e camponeses à pavana", que "bufoneavam ao redor das mesas" para entreter os comensais, enquanto são servidos treze castelos e doze torres de trufas douradas, junto com peras cozidas, gelatina de carne (faisões, perdizes e capões), funcho em vinagre e outras frutas, azeitonas da Espanha, uvas frescas, "peras calville" e "maçãs do paraíso" (qualidades que se consideram de especial valor), queijo parmesão e cardos temperados com sal e pimenta. Tirando a gelatina, agora já saímos do túnel dos pratos de carne e de peixe: agora os protagonistas são as frutas, as verduras, o queijo. A "sétima comida" é o que hoje chamaríamos de sobremesa.

Mas não é a última. Uma "oitava comida" traz à mesa duas mil ostras, distribuídas em cinquenta pratos. São acompanhadas por laranjas, pimenta, refogado de ostras, creme de leite batido, 1500 roscas (*cialdoni*) e 104 taças de *chiarea*, um vinho filtrado com mel e pó de especiarias, que se serve ao final da refeição por causa das propriedades digestivas que a dietética da época atribui às especiarias. O comentário musical à surpreendente profusão de mariscos, frutas e doces é feito por um pequeno grupo instrumental, composto por duas dulcianas, uma *storta*, um trompete grande e um trombone.

Nesse momento, troca-se a toalha mais uma vez. Descobre-se a terceira e última, ela também adornada com figuras que evocam os heroicos trabalhos de Hércules. Os criados passam com água perfumada para que os comensais limpem as mãos, e como encerramento chegam as *confeições*, frutas e legumes cristalizados: cidras, alfaces, abobrinhas, amêndoas e nêsperas em calda, marmelada e pêssegos "à genovesa", frutas variadas confeitadas "à veneziana", amêndoas e avelãs. Também novos guardanapos e facas, e trezentos "palitos de dentes perfumados". Enquanto isso, ouvem-se cinco violas, acompanhadas por um instrumento "de palheta" (um alaúde ou algo do gênero), uma flauta grande, uma lira, um trombone e uma flauta à alemã.

O banquete termina com os *cotillons* para os convivas. É trazido ao salão um "pastel grande", isto é, um empadão, uma torta cuja forma imita as outras degustadas nas horas anteriores. É dourado pelo lado de fora e por dentro se encontram bilhetinhos com os nomes de todos os comensais. Extraem-se por sorteio, "ao acaso", os felizardos que receberão colarezinhos, berloques, "enfeites para as orelhas, acessórios para barretes" e um colar no valor de cinquenta escudos, que parece ser o prêmio principal. Enquanto se realiza o sorteio, soam quatro flautas "à alemã", e no final soam os clarins para anunciar que a festa acabou — ou, pelo menos, assim parece — e que os presentes devem se acomodar nas salas adjacentes. Tiram-se as mesas, varre-se o chão, limpa-se o piso manchado. Agora o salão está novamente pronto para receber o grande baile, convocado "ao som de pífaros".

Agora é noite adiantada e o duque, a duquesa e a marquesa preferem deixar a companhia para se recolherem ao descanso. Quando começa o alvorecer, serve-se aos remanescentes um "desjejum" de compotas (alfaces, abobrinhas, amêndoas), peras e outras frutas em calda, ameixas açucaradas, ginjas em conserva, geleia de marmelo, uvas frescas, uvas-passas damasquinas passadas em água de rosas e polvilhadas de açúcar. Cinquenta criados percorrem a sala oferecendo a todos "pequenas chávenas de água com açúcar".

As danças continuam "até se fazer dia claro" e, quem sabe, ainda além.

A RECEITA DOS PESCADORES

Cultura popular à mesa do imperador
Roma, 1536

Abril de 1536. O imperador Carlos V está em Roma. O homem mais poderoso do mundo: bem se pode dizer que sobre seu reino, que se estende por três continentes, "o sol nunca se põe". Em Roma, ele pretende encontrar e provavelmente se aliar ao novo pontífice Paulo III, sucessor de Clemente VIII que, alguns anos antes, em 1530, coroara solenemente o Habsburgo na basílica de São Petrônio em Bolonha.

E é um cardeal bolonhês, Lorenzo Campeggi, que hospeda o imperador no Trastevere e lhe oferece um memorável jantar, suntuoso como exigem as circunstâncias. É época de Quaresma e por isso não se serve carne. Mas os pratos são incrivelmente variados, ricos, refinados — como que para nos mostrar que as obrigações do calendário litúrgico não se associam necessariamente à ideia de privação, mas, pelo contrário, muitas vezes dão ocasião para ressaltar a criatividade gastronômica dos cozinheiros de palácio.

As cozinhas do cardeal Campeggi são comandadas por Bartolomeo Scappi, à época com trinta e seis anos de idade. Antes de chegar a Roma, ele exerceu a profissão em várias cidades italianas (com certeza em Milão, Veneza e Bolonha, talvez ainda em outras). Nos anos seguintes, frequentará outros palácios cardinalícios e, por fim — sob Pio IV e Pio V — ficará encarregado da cozinha pontifical. Virá a ser o cozinheiro de maior fama na Itália renascentista. Em 1570, fazendo o balanço de uma longa e prestigiosa carreira, Scappi irá reunir seus conhecimentos e narrará suas experiências num alentado volume de receitas, intitulado simplesmente *Obra* — quanta autoconfiança num título desses!

Verdadeira súmula da cultura gastronômica e convivial quinhentista, a *Obra* de Scappi contém centenas de receitas, normas sobre a organização da despensa e a preparação da mesa (também a "de campo", para acompanhar o pontífice em seus deslocamentos) e, no quarto dos seis livros que a compõem, uma relação de refeições com a lista completa dos pratos que foram servidos. Entre elas consta também o banquete preparado para Carlos V em 1536, tão rico e variado que o rol dos pratos, mais do que um cardápio, parece um repertório da cozinha italiana da época.

O banquete foi composto de doze serviços, cinco "de aparador" e sete "de cozinha", cada um deles conduzido à mesa em três pratos diferentes, "à exceção do prato de Sua Cesárea Majestade", a quem, evidentemente, coube um serviço exclusivo. Sua figura era importante demais para compartilhar o alimento com outros comensais, como era o costume na sociedade da época. Limitemo-nos aos números: oito pratos no primeiro serviço de aparador (predominantemente docinhos açucarados); treze no primeiro serviço de cozinha, reservado ao "assado leve" (peixes na grelha, no espeto, marinados, empanados, com um pouco de frituras, azeitonas e "uvas frescas em conserva"); quinze no segundo serviço de cozinha, definido como *"pottaggiera"*, porque consiste basicamente em peixes ensopados, ou seja, em *"pottaggio"* (um galicismo derivado do *potage*, termo derivado de *pot*, a panela onde se prepara o prato); doze pratos no terceiro serviço de cozinha, dedicado a cozidos; quinze no segundo serviço de aparador.

Trocam-se as toalhas e os guardanapos, e tem-se um terceiro serviço de aparador com onze pratos, um quarto serviço de cozinha com quinze pratos, um quinto serviço de cozinha com doze pratos, um sexto serviço de cozinha com doze pratos, um sétimo serviço de cozinha com quinze pratos. Nova troca de toalhas e guardanapos, para um quarto serviço de aparador (mas de "coisas de cozinha", isto é, pratos saídos da cozinha, mas servidos frios) com 22 pratos. Última troca de toalha e o último serviço de aparador, com 28 qualidades diferentes de frutas e verduras cristalizadas, seguidas por dezoito qualidades de confeitaria.

Os números falam por si sós: no banquete em honra a Carlos V foram servidos 150 pratos diferentes, sem contar os cristalizados e confeitos de encerramento. Não pretendemos descrever todos, mas queremos nos deter sobre um em particular: os "linguados ensopados à veneziana", incluídos no "segundo serviço de ensopados". Sabemos a receita desse prato, como de muitos outros mencionados por Scappi nas descrições dos banquetes, pois foi incluída nos cinco livros da *Obra* dedicados, justamente, às receitas. O "linguado ensopado" está no terceiro livro, capítulo 79.

É este o melhor modo de preparar o linguado — começa Scappi — principalmente se for grande. Retirar a pele preta na parte superior, remover a barrigada, lavar o lado externo com água quente para eliminar a viscosidade natural do peixe. Cortar em postas (se for grande) ou deixá-lo inteiro (se for de tamanho reduzido) e colocá-lo num recipiente de cobre estanhado ou de barro, com azeite, agraço (suco ácido de uva verde) e vinho branco, de preferência malvasia, acrescentando água até cobrir o peixe por dois dedos e não mais. Acrescentar especiarias doces e salgadas "o quanto basta" (arquétipo de nosso "q.b.") e aferventar lentamente. Melhor não o virar, pois corre o risco de se romper: mais indicado cozinhá-lo em panela tampada, para que o calor se distribua de modo uniforme. No final do cozimento, servir o linguado bem quente, com o caldo por cima, e cebolas refogadas. O caldo eventualmente poderá ser engrossado com amêndoas moídas, ameixas, ginjas secas e uvas-passas.

Essa é a receita, e aqui vem o interessante. Onde e com quem Scappi aprendeu? Deixemos a palavra a ele: "Na época em que eu me encontrava em Veneza e em Ravenna, soube pelos pescadores de Chiozza e venezianos, que fazem os melhores ensopados de todos os locais praianos, que não se costumava cozê-los a não ser da maneira que descrevi." Única diferença: "Acredito que fique melhor para eles do que para os cozinheiros, pois o cozinham no instante em que o pegam."

Fantástico. O grande Scappi, o "Michelangelo da cozinha italiana", como alguns quiseram chamá-lo, em 1536 serviu para Carlos V um linguado preparado segundo a receita dos pescadores de Chioggia e Veneza. Que melhor testemunho da relação entre cultura popular e cultura aristocrática? Da contribuição das classes subalternas à construção do patrimônio cultural italiano?

Não é um caso isolado. Scappi retorna continuamente aos costumes dos pescadores, muitas vezes sob uma ótica comparativa. Quando fala do peixe barbo, escreve que "os pescadores do Pó o fazem ensopado, e fritam, e assam na grelha"; do mesmo modo, acrescenta ele, os pescadores de Chioggia e Veneza preparam a tainha e o gobião. A cultura popular é, para ele, um ponto de referência privilegiado, um paradigma pelo qual se medem as diferenças e as afinidades com a cozinha de corte. Produtos valiosos, como as especiarias, e produtos camponeses, como as ervas aromáticas, se misturam regularmente: para dar sabor ao "ensopado" de carne bovina, Scappi sugere especiarias batidinhas e açafrão, com o acréscimo de menta, manjerona, anis e salsinha.

Também no plano linguístico, Scappi fornece os nomes dos pratos muitas vezes acompanhados por uma variante popular, que remete aos saberes comuns. Raviolinhos recheados de barriga de porco, "pelo vulgo chamados de *anolini*". Rigatones em azeite, "que pelo vulgo são chamados de *ferlinghotti*". Cascas de abóbora "pelo vulgo chamadas de *zazzere*". Torta com queijo gordo e manteiga, "pelo vulgo chamada de *butirata*". "Sabor", ou seja, molho para aves, "pelo vulgo chamada de *galantina*". Sopa para a época da Quaresma, "chamada pelo vulgo de *capirotata*". Fritada cozida em água, "pelo vulgo chamada de *torta in acqua*". Sopa "vulgarmente chamada de *vivarole*". Massas de diversos grãos "que pelo vulgo são chamadas de *fiadoni*". Torta de sangue de porco, "pelo vulgo chamado de *migliaccio*". Torta de leite, "a qual pelo vulgo é denominada *coppi romagnoli*". Torta de verduras, "pelo vulgo chamada de *herbolata*". Pizza folhada, "pelo vulgo chamada de *sfoglia asciutta*". Frituras de ricota, "pelo vulgo romano chamadas de *papardelle*".

A lista poderia continuar, mas paremos por aqui, com uma certeza já adquirida: o extraordinário artista que trabalha nas cozinhas do cardeal Campeggi é um gênio multiforme que construiu sua profissão recolhendo informações, saberes, práticas em ambientes extremamente variados — no plano não só geográfico, mas também social.

Bartolomeo Scappi, nascido na Lombardia, em Runo de Dumenza, no Lago Maggiore, é um exemplo perfeito — como Mestre Martino no século anterior — da dimensão "italiana" que — apesar da fragmentação política — caracteriza a cultura gastronômica do país nos primeiros séculos da época moderna, e já desde o fim da Idade Média. Nas décadas de sua formação profissional, Scappi amadurece uma vasta experiência, uma finíssima competência sobre os produtos, as receitas, as tradições locais, frequentando cidades e mercados. É ele próprio quem o afirma, nas páginas de seu receituário, comparando os modos de preparo das carnes, peixes, tortas recheadas, em diversos locais da Itália: apresenta receitas "à romanesca", "à florentina", "como se usa em Milão", ou em Nápoles, ou Bolonha, ou Gênova, e não porque esteja falando de coisas lidas ou ouvidas por outros, mas porque conhece pessoalmente esses lugares, esses usos. "Vi na pesqueira de Milão", escreve ele, "diversas espécies de peixinhos miúdos, onde os chamam *pescherie.*" Informações biográficas como essa multiplicam-se na *Obra*.

Da mesma forma, Scappi apresenta comparações entre o estilo "adriático" e o "tirreno" de cozinhar um peixe (restituindo-nos a imagem de uma cultura alimentar diferenciada não só em sentido "vertical", de sul a norte, mas também horizontal, entre leste e oeste, de um lado e outro dos Apeninos). Além disso, Scappi se detém sobre as diferenças locais da linguagem gastronômica (como no capítulo "para fazer diversos tipos de *crostate*, pelos napolitanos chamadas de *coppi*, e pelos lombardos de *sfogliati*") ou sobre a maneira de chamar plantas ou animais: o robalo, nota ele, "em lugares diferentes é chamado de diferentes nomes, chamando-se em Veneza *vatoli*, em Gênova *lupi*, em Roma *spigoli*, em Pisa e Florença *ragni*".

Através de especificações, definições e distinções como essas, percebemos com clareza a *proximidade* entre o grande cozinheiro de corte e a sociedade que o circunda. Scappi não trabalha num mundo separado. Seu profissionalismo, seus saberes, sua capacidade de transformar a cozinha em arte são o resultado de uma atenção metódica aos usos locais, às mil variações que a cultura alimentar assume na Itália. Inclusive entre as classes populares, inclusive entre os camponeses e os pescadores que o cozinheiro pontifício conheceu e frequentou.

À mesa do imperador, talvez sem o saber, também estão presentes os pescadores venezianos.

CONTRA O LUXO ALIMENTAR

Peixe e carne juntos? Proibido
Veneza, 1562

Imaginemo-nos em Veneza no outono de 1562. Fomos convidados para um banquete de casamento. Um sócio nosso de negócios, comerciante de tecidos, concedeu a mão da filha a um jovem que está abrindo seu caminho no ramo. É uma grande festa e, como de costume, o evento é selado à mesa. Após receberem as boas-vindas, os convidados tomam seus lugares. Ficam em posições levemente descentradas, visto que os lugares mais próximos são reservados aos parentes dos noivos.

Escolheu-se uma quinta-feira, dia "gordo", e o cardápio prevê carne. Aves de caça do vale: frangos-d'água, marrecos, torcazes, um par de faisões. Como entrada, servem-se camarões de água doce e barbos na grelha: os venezianos têm uma queda pelo peixe e dificilmente renunciam a ele, qualquer que seja a data no calendário litúrgico. Um vinhozinho leve, rosado, rega os pratos. Nem é preciso diluí-lo com água.

O grupo está alegre, erguem-se brindes, alguns improvisam versos em honra aos noivos. Em plena festa, ouve-se baterem à porta. Um criado abre, aparecem dois homens. "Todos parados!" gritam, entre o espanto geral. "Informaram-nos que nesta casa violam-se as leis da Sereníssima. Estamos aqui para uma visita de fiscalização. Tu, Alvise, vai à cozinha, enquanto eu inspeciono as mesas."

Poucos minutos depois, chega a confirmação: "Como suspeitávamos! Carne de caça na mesa. Espinhas de peixe que sobraram na cozinha. Somam pelo menos duas infrações. Não sabeis que nos banquetes de núpcias é proibida a carne de caça e a mistura de carne e peixe? Se tendes algo a declarar em justificativa, apresentai-vos em até três dias aos magistrados. Caso contrário, preparai-vos para pagar a multa. Os cozinheiros, enquanto isso, podem voltar para casa."

Os dois personagens, fiscais do governo veneziano, têm a seu lado um decreto recém-lançado pelo Maggior Consiglio, que regulamenta minuciosamente a tipologia e o número de pratos que se podem servir em ocasiões como essa. É uma daquelas leis *suntuárias* que impõem limites aos gastos (em latim *sumptus*), apresentando-se, no plano ideológico, como intervenções de moralização social e econômica, com fortes conotações religiosas: jamais dissipar a riqueza em despesas voluptuárias, dirigi-la para empreendimentos produtivos ou de assistência social.

O decreto veneziano, datado de 8 de outubro de 1562, retoma e recoloca dispositivos anteriores sobre a questão e diz respeito não à alimentação cotidiana, mas aos banquetes preparados por ocasião de algum evento ou festa particular, "as refeições tanto de núpcias quanto de grupos públicos ou particulares".

Regra básica: "Não poder ter carne e peixe juntos na mesma refeição." Para as refeições de carne, permitem-se apenas "uma assada e uma cozida", e para cada um desses dois serviços no máximo "três espécies de carne ou frango", entendendo por "carne" os quadrúpedes, por "frango" as aves. Ficam proibidas de modo geral as "*salvadesine*", as carnes de caça, "tanto aéreas quanto terrestres"; e os "galos e galinhas da Índia", ou seja, perus machos e fêmeas.

Para um banquete de peixe, os serviços podem ser três, mas com o mesmo limite de seis pratos: "duas espécies de assados, duas de cozidos, duas de fritos." Proibidas as trutas, esturjões e peixes de lago. As ostras, permitidas somente se os convidados forem "vinte pessoas ou menos". Autorizados "antepastos, saladas, laticínios e outras coisas costumeiras e ordinárias, uma torta usual, marzipã e confeitos comuns".

Da mesma forma, o desjejum deve se limitar à pequena confeitaria, "frutas simples" de estação, "coisas de *scaletter* comuns" isto é, de forno ("*scaletter*" é o padeiro que prepara pães doces, como roscas ou coisas parecidas).

Os adjetivos empregados esclarecem perfeitamente o objetivo de tais prescrições: os pratos devem ser *habituais, ordinários, costumeiros, comuns, simples*. O que se pretende proibir é a excepcionalidade, o *luxo*, ideia evocada pelo termo *qualidade*, que o texto emprega ao proibir "bolos, confeitos e todas as outras coisas de açúcar, e assim também qualquer outra coisa de qualidade".

Assim se explica a proibição de carnes de caça e de esturjões, considerados como consumo de luxo, bem como da nova ave vinda da América, o exótico peru, enquanto o banimento das trutas e peixes de água doce se liga ao caráter marítimo do mercado veneziano.

Em favor de sua determinação, a portaria prevê sanções pecuniárias: para cada prato proibido que for preparado, dez ducados nos banquetes de até 25 pessoas, vinte ducados nos banquetes "de 25 pessoas ou mais".

Se o governo considera necessário regulamentar tão precisamente os comportamentos privados, não é apenas porque os consumos individuais repercutem na economia coletiva, mas também porque um banquete nunca é, a rigor, um evento "particular". O *convívio* — que aqui tomaremos ao pé da letra: "viver juntos" — é, por definição, um evento social, público, por meio do qual se medem os recursos dos indivíduos e das famílias, e sua capacidade de agregar em seu redor outros indivíduos, outras famílias. De dar a sentir sua presença no contexto citadino, mostrando do que são capazes. Esse é o sentido de legislar sobre o tema. Esse é o sentido das intervenções *políticas* sobre os comportamentos de natureza requintadamente social, além de econômica e moral.

Mas atenção: as leis suntuárias não valem para todos igualmente. Apenas para as pessoas comuns — quando, dispondo de recursos econômicos suficientes, ambicionam ostentar consumos excessivos. Os senhores "de verdade", os aristocratas de tradição consolidada, estão isentos da obrigação. As leis suntuárias não são feitas para eles, mas para seus potenciais concorrentes.

Desse ponto de vista, disciplinar os consumos é uma maneira de garantir a estabilidade social, as hierarquias e os poderes adquiridos. Numa sociedade habituada a medir e a expressar as diferenças de classe também por meio das *aparências*, ou seja, pela realidade visível dos gestos cotidianos (os primeiros entre todos: as roupas e a alimentação), restringir a liberdade de se vestir ou de comer à vontade equivale a impedir a desordem, a mistura dos papéis.

Não por acaso, esse gênero de normativa — presente em muitos lugares e em muitas épocas da história, desde a legislação republicana da antiga Roma — se concentra e se adensa em séculos como os últimos da Idade Média e os primeiros da época moderna, com maior sensibilidade ao tema das "aparências" como diferenciador social, ao mesmo tempo caracterizados por uma especial mobilidade social, que fere a ideologia da diferença e o desejo de estabilidade.

Uma cena como essa, que imaginamos ver na Veneza quinhentista, poderia realmente ter ocorrido. Sem dúvida, não era fácil controlar as despesas e consumos alimentares, que, à diferença da indumentária, dissolvem-se no uso. Para tanto, os administradores da Sereníssima adotaram uma dupla estratégia: de um lado, vigiar os profissionais implicados na preparação dos banquetes; de outro lado, conceder amplos poderes de fiscalização aos funcionários públicos.

Cozinheiros, padeiros e quem quer que participasse da preparação de banquetes deveriam, antes de dar início ao trabalho, apresentar-se à repartição dos "provedores das pompas", magistratura instituída em 1514 com o encargo de impor obediência às leis sobre o luxo e sua ostentação (tal é o duplo significado de *pompas*). Na repartição, deviam registrar "quando, onde e a quem irão servir", e no prazo de até três dias depois do banquete deviam relatar "com verdade" tudo o que fora servido. Se não se apresentassem, ou se se descobrisse que haviam mentido, ficavam sujeitos a uma multa de dez ducados. Se reincidentes, eram suspensos do exercício da profissão por um período estabelecido pelos provedores.

O decreto de 1562 prevê também a obrigação do anfitrião de um banquete em abrir as portas aos convidados da magistratura. O pessoal de serviço deve "levá-los pelas salas e cozinhas para que possam realizar seu dever de ofício"; caso encontrem algo fora do lugar, pratos proibidos ou qualquer engano, os trinchadores e os cozinheiros (todos os encarregados do serviço e da cozinha) serão imediatamente expulsos, sem receber nenhum pagamento; se se recusarem a sair, pagarão também uma multa de dez ducados cada um. Se alguém da casa obstruir a ação dos fiscais, impedindo o acesso às cozinhas ou às mesas, ou injuriá-los com palavras de desacato ou até se espancá-los — pelo visto, pensava-se que era uma possibilidade —, a multa será de cinquenta ducados "se forem nobres, cidadãos ou outros"; se forem servos, em vez da multa, aciona-se uma condenação "à prisão, à galé ou ao desterro" segundo a gravidade do fato, reservando-se a magistratura ordinária para proceder "nos casos criminais de maior importância".

O que terá ocorrido na casa de nosso comerciante de tecidos?

"NÃO COMA TORTAS QUEM ESTÁ ACOSTUMADO A NABOS"

A epopeia de Bertoldo
Verona, cerca de 570
[Mas inícios do século XVII]

Bertoldo é um homem. Talvez.

Quando chega à corte do rei, confundem-no com um animal, ou melhor, com um *patchwork* que reúne as mais inquietantes características do mundo animal. Uma espécie de antologia, um compêndio das mais diversas bestialidades.

"Sua cabeça era grande e redonda como uma bola, a testa áspera e rugosa, os olhos vermelhos como fogo, as pestanas compridas e duras como cerdas de porco, as orelhas de asno, a boca grande e meio torta, com o lábio de baixo pendendo como o de um cavalo, a barba densa sob o queixo e caída como a de um bode, o nariz adunco e sulcado em cima, com as narinas larguíssimas, os dentes para fora como um javali, com três ou quatro papeiras de bócio que, quando ele falava, pareciam uns panelões fervendo; tinha pernas caprinas, como de sátiro, pés largos e compridos e o corpo todo peludo." Em suma, "o total contrário de Narciso", comenta irônico Giulio Cesare Croce, o jogral bolonhês que, no início do século XVII, narrou *As sutilíssimas astúcias de Bertoldo*.

Porco, asno, cavalo, bode, javali, cabrito. Apesar disso, Bertoldo se diria homem. Um "vilão", define-o Croce, mas mesmo assim homem. Outros camponeses, antes dele, também foram descritos dessa maneira. Por exemplo, Marcolfo, protagonista de um *Diálogo* com o lendário rei Salomão, um texto popular do século XII que Croce usa como modelo, muitas vezes repetindo-o ao pé da letra (como na descrição do camponês).

Outro exemplo é o pastor — autêntico homem selvagem — que aparece, também naquele mesmo século, no romance

O cavaleiro do leão, de Chrétien de Troyes. O cavaleiro Ivã o encontra na floresta e leva um grande susto: parece um animal (muitos animais juntos: rocim, elefante, coruja, gato, lobo, javali), mas fala. "E tu, que gênero de criatura serias?" pergunta-lhe, com certa apreensão. "Sou homem", responde-lhe ele, e ponto.

O costume de representar o mundo camponês como uma realidade a meio caminho entre o mundo humano e o mundo animal — entre civilização e "natureza" — difunde-se nos últimos séculos da Idade Média a ponto de se tornar um verdadeiro gênero literário, a chamada "sátira do vilão". Naquela época, não passa pela cabeça de ninguém que todos os homens são iguais. Nós, passados mais de dois séculos desde a *Declaração dos direitos do homem e do cidadão*, o consideramos uma evidência — mas realmente acreditamos nisso? Em todo caso, nossos antepassados de algumas gerações atrás não acreditavam.

A "sátira do vilão" parte do pressuposto de que o camponês é antropologicamente, biologicamente diferente do fidalgo. Feio, ignorante, bestial. Esperto talvez, mas só para enganar o patrão: o camponês não só feio, não só ignorante, mas também ladrão, é uma imagem típica da cultura citadina e burguesa, que se encontra principalmente na Itália (enquanto os outros estereótipos se repetem por toda parte na literatura europeia).

A diferença entre "vilões" e cavalheiros, camponeses e citadinos, vê-se — *deve-se* ver — em todos os gestos do comportamento cotidiano, no estilo de vida que espelha e, ao mesmo tempo, determina a "qualidade" da pessoa. A ideia provinha da tradição médica antiga, que condensava as múltiplas variáveis do "estilo de vida" no conceito de *dieta*, ou seja, "o que se faz durante o dia".

O pai da medicina ocidental, Hipócrates de Cos (séculos VI-V a.C.), e depois Galeno de Pérgamo, que no século I d.C. deu uma ordem mais sistemática a seu pensamento, não duvidavam que a primeira regra a ser seguida nas escolhas alimentares, e assim em toda prática cotidiana, era a de acompanhar a "natureza" do indivíduo ou, eventualmente, de restaurá-la, caso estivesse comprometida por alguma doença ou acidente. Comer "segundo a qualidade da pessoa", escolher o alimento com base nas personalíssimas exigências de cada indivíduo, era o fundamento dessa cultura dietética. Em resumo: a cada um o seu, se quiser manter (ou recuperar) a saúde.

No decorrer da Idade Média, esse patrimônio de ideias foi profundamente permeado por um forte componente *social*, orientando a percepção do indivíduo para outro rumo. Num mundo extremamente hierarquizado, a "qualidade da pessoa" começou a ser pensada também em função de sua pertença a determinada ordem da sociedade. Os dois pontos de vista encontraram uma aparente conciliação, ao conduzir também a dimensão social para uma perspectiva "médica", com o tema da saúde. Começou-se a pensar — e a escrever — que uma dieta inadequada à condição social do indivíduo pode causar indisposições e doenças, sendo necessário, portanto, ater-se ao que a natureza manda — "natureza" esta, porém, coletiva e não só individual, social e não só pessoal.

Podemos lê-lo nos textos de medicina e dietética do fim da Idade Média. Giacomo Albini, protomédico dos Saboia no século XIV, sustenta com absoluta convicção que ao estômago dos cavalheiros cabem alimentos preciosos, elaborados, refinados; aos camponeses, inversamente, que trabalham pesado, cabem alimentos grosseiros e pesados, mais adequados para aplacar a fome do que para atender ao prazer.

O tratado de dietética do médico paduano Michele Savonarola, do século XV, ao descrever as virtudes nutricionais dos alimentos, toma o cuidado de especificar se são alimentos "para cortesãos" ou "para aldeões". Entre os produtos "camponeses", ocupam lugar de honra as hortaliças, os legumes, os grãos inferiores: produtos que, não surpreendentemente, aparecem na "sátira do vilão" como típicos da dieta rústica — cebola, feijões, alho, favas, nabos, sopa de painço, pão com mistura de grãos são os únicos alimentos adequados ao camponês, segundo o *Dito dos vilões* de Matazone de Caligano (século XIII). Não são apenas jogos literários, mas sim convicções ideológica e "cientificamente" fundadas.

Voltemos a nosso Bertoldo, que por alguma razão foi dar à corte do rei. Giulio Cesare Croce, no início do século XVII, constrói sua história precisamente em torno desta ideia: a mudança de estilo de vida e hábitos alimentares, passando de uma dieta "rústica" para uma dieta "senhorial" ou vice-versa, faz muito mal à saúde. Não sabemos até que ponto ele ainda acredita nisso, ou se está fazendo uma paródia: talvez um pouco das duas coisas. Em todo caso, o personagem Bertoldo é o epígono de uma figura literária que ganhou forma de modo orgânico e coerente entre os séculos XIII e XV.

A história de Bertoldo, porém, está ambientada — com ousada licença narrativa — na Itália da alta Idade Média. Sua contraparte é Alboino, o primeiro rei dos lombardos, que se estabeleceu em Verona por volta de 570. Entre os dois instaura-se uma relação ambígua, ao mesmo tempo conflituosa e amigável. Com suas grosserias, o "vilão" atrai a simpatia do rei, que se diverte em desafiá-lo para duelos verbais, para colocar à prova sua habilidade, sua "sabedoria" de homem simples. Sapatos grossos e cérebro fino: o estereótipo do camponês, que depois se tornou clássico, aqui encontra uma de suas matrizes.

A cultura de Bertoldo (como a de Marcolfo, seu "antepassado" e modelo literário) está impregnada de elementos concretos, físicos, corporais. Os temas que retornam com mais frequência em suas palavras e pensamentos estão ligados ao alimento, às razões do ventre. "Quem são teus ascendentes e descendentes?", pergunta-lhe o rei a certa altura. "Os feijões", responde Bertoldo, "os quais, fervendo no fogo, vão ascendendo e descendendo para cima e para baixo pelo caldeirão." Analogamente, Marcolfo invocara as favas.

Depois de muitos encontros, peripécias, incompreensões, ameaças e até a condenação à morte de Bertoldo (que consegue se salvar pedindo como última graça a possibilidade de escolher a árvore para ser enforcado, a qual, obviamente, nunca encontrará), o "vilão" enfim se reconcilia com o rei e se estabelece definitivamente na corte, no improvável papel de conselheiro pessoal do soberano.

Aparentemente, tudo vai de bem a melhor, mas a vida da corte logo cria problemas para Bertoldo: "Sendo acostumado a comer alimentos grosseiros e frutas silvestres, logo que começou a comer aqueles pratos finos e delicados, adoeceu gravemente." Os médicos do rei, "não conhecendo sua constituição", isto é, ignorando sua natureza, as "qualidades" de sua pessoa e de sua condição social, "davam-lhe os remédios que se dão aos fidalgos e cavaleiros da corte". Bertoldo, que bem conhecia sua natureza plebeia, "pedira a eles que lhe trouxessem uma panela de feijão com cebola e alguns nabos cozidos nas cinzas, pois sabia que com esses alimentos se curaria; mas tais médicos nunca quiseram atendê-lo".

Essa relação entre Bertoldo e os médicos da corte é uma curiosa inversão. O "saber" dos médicos (foram eles que teorizaram a diferença social da dieta) tornou-se o "saber" de Bertoldo. Mas, quando ele tenta pô-lo em prática — pois a prática é seu forte: "A prática me serve de livro", dissera um dia ao rei, que o convidara a ler —, os médicos não lhe dão razão. Não aceitam que um "vilão" lhes ministre lições, mesmo que tais lições fossem as mesmas que eles pregavam. O fato é que Bertoldo morre, "e aqueles médicos se arrependeram de não lhe ter dado aquilo que pedia no final, e reconheceram que ele morrera porque não o atenderam".

Apesar de sua origem humilde, Bertoldo é enterrado "com grandíssima honra" e o rei ordena que todos os cortesãos se vistam de preto, em sinal de luto. Manda entalhar na tumba um epitáfio em letras de ouro, em memória eterna do aldeão "de aspecto tão disforme que tinha figura mais de urso do que de homem". Os últimos versos retomam dolorosamente as causas da morte, ocorrida entre "fortes dores", "por não poder comer nabos e feijões".

O previdente Bertoldo não se esquecera de fazer um testamento, repassando minuciosamente seus parcos bens. Para Sambuco, deixa o chapéu de palha, "por me ter dado certa vez um maço de alho-porro de manhã cedinho, para cuidar de meu estômago e abrir meu apetite". Para Martino, cozinheiro, deixa a faca e sua bainha, "por me ter cozido algumas vezes nabos sob as cinzas e feito sopa de feijões com cebola, alimento muito mais condizente com minha natureza do que as rolinhas, as perdizes e as tortas".

Dedica a todos nós uma saraivada de "ditos sentenciosos", que acompanham suas últimas disposições. O primeiro e mais importante — quase um presságio do fim — reforça pela enésima vez: "Não coma tortas quem está acostumado a nabos."

O DESAFIO DOS MORANGOS

Um banquete para Cristina da Suécia
Mântua, 1655

A conversão da rainha Cristina da Suécia ao catolicismo foi um acontecimento clamoroso na Europa do século XVII, dilacerada pelas guerras de religião.

Herdando o reino quando tinha apenas seis anos de idade, em 1644, aos dezoito anos, Cristina subiu ao trono logo manifestando gênio forte e caráter imprevisível e pouco convencional. Recusou-se a casar, apesar das pressões do parlamento. Manteve um longo caso amoroso com uma dama da corte. Então, o grande gesto: solicitada por personagens influentes da cúria romana, abandonou a religião luterana e em 1654 abdicou, após garantir para si uma grande renda. No mesmo ano deixou o país. Depois de uma pausa nos Países Baixos, deteve-se em Innsbruck para celebrar oficialmente a adoção de sua nova fé. Em seguida, partiu para Roma, onde o pontífice Alexandre VII, recém-eleito, esperava-a de braços abertos.

No decorrer dessa primeira viagem à Itália (ela voltará várias vezes, para se estabelecer definitivamente em Roma em 1668), Cristina fez diversas paradas, recebida em todas as partes com grandes honras. Em 27 de novembro, estava em Mântua, na corte do duque Carlos II Gonzaga-Nevers, que organizou para ela um suntuoso banquete, sob a direção de Bartolomeo Stefani, bolonhês, que naquela época era o superintendente das cozinhas dos Gonzaga.

Stefani não é um cozinheiro "de rei" e faz questão de frisá-lo: "Nas cozinhas reais nunca tive prática", escreveu no tratado sobre *A arte de bem cozinhar, e instruir os menos peritos nessa louvável profissão*, que publica alguns anos mais tarde, em 1662, para deixar memória de seu trabalho e ensinar os fundamentos por meio de receitas, cardápios e registros dos banquetes.

Mas aquele banquete especial, organizado para a chegada de Cristina a Mântua, é para ele motivo de orgulho: "Eu mesmo a servi nos triunfos, nos frios e outros pratos!" No centro da mesa, preparada na Camera delle Virtù, sobressai-se um triunfo de açúcar, representando o "monte Olimpo, com o altar da Fé, em cujo cimo estavam dois anjinhos, sustendo a coroa real sobre o brasão de Sua Majestade". Os convivas principais eram três: Sua Majestade a rainha, o duque Carlos II e sua mulher, a arquiduquesa Isabela Clara da Áustria.

O banquete se abre com um serviço de "aparador", ou seja, de pratos frios. Todos os pratos são descritos de modo analítico e detalhado, tanto na técnica de preparo quanto na forma de apresentação, para que se tenha a impressão de poder vê-los, quase tocá-los. Nota-se que Stefani está mais interessado em expor sua profissão do que os faustos mundanos, mais a *técnica* do que o teatro (ou, melhor dizendo, a técnica que possibilita o teatro).

O primeiro objeto de descrição é uma iguaria de morangos "lavados com vinho branco", polvilhados de açúcar e rodeados por conchas também feitas de açúcar, elas também recheadas com morangos, entremeadas por passarinhos de marzipã "que, em seu movimento, parecem querer bicar os morangos". Seguem-se uma sopa de pombos, empadão recheado com faisão, copa e salames "cortados", galináceos untados com banha no espeto, cabeça de javali guarnecida de presunto, torta de marzipã e frutas cristalizadas, tetraz da serra, coroas de gelatina.

A precisão dos detalhes com que Stefani descreve cada prato, cada fase da elaboração gastronômica, interrompe continuamente o ritmo da narrativa — mas é exatamente isso que interessa ao autor: explicar-nos como os pombos servidos ao nobre grupo foram cozidos "em leite e malvasia", tirados do líquido e postos a esfriar, enquanto se preparava a sopa com pão de ló embebido em malvasia e polvilhado de açúcar e canela; como os pombos foram colocados ali dentro, dispostos "em forma de rosa", recobertos com "leite de pistaches" e crivados de pinoles "embebidos em água de rosas"; como a borda do prato fora guarnecida com um arabesco de flores "feitas com massa de marzipã, todo polvilhado de açúcar e perfilado de ouro", e o prato inteiro recoberto por uma fina camada de açúcar, que "não chegava ao peso de duas onças". Nem o detalhe mercadológico é poupado ao "leitor ideal" de Stefani, um profissional do ofício e não um curioso por frivolidades mundanas.

As notas "pessoais" de Stefani conferem ao texto a concretude de um diário: ele guarneceu a cabeça de javali com "uma cabeleira de pistaches despelados, tendo com minha grande paciência entretecido tais pistaches com fio de açúcar"; os tetrazes da serra, depois de bater a carne, untar, colocar no espeto e assar em fogo baixo, "coloquei neles uma rama de canela fina logo depois de assados e, depois de resfriados, coloquei-os no prato [...] e ao redor deles estavam tordos assados, decorados com molho real, e acomodei-os de tal maneira que ficavam eretos em pé, parecendo ao natural, quase vivos".

Não leremos por completo essas descrições, limitando-nos ao rol dos pratos.

O primeiro serviço quente ("de cozinha") compreende uma sopa de carne de faisão, um prato de hortaliças assadas, sopa real, capões cozidos em molho branco, coxa de javali cozida em caldo de toucinho, cabeça de vitela cozida no leite, empadões de diversos ingredientes, galetos recheados.

O segundo serviço de cozinha compreende apenas dois pratos à base de aves: mais faisões, "envoltos em papel coberto de manteiga, polvilhada de sal, assados no espeto em fogo baixo", com os habituais acompanhamentos de outras carnes, gelatinas, frutas cristalizadas e assim por diante; e rolinhas "assadas no espeto em fogo forte", com molho de romãs e contornos de massa podre, marzipã, pinoles, etc.

Mais substancioso é o terceiro serviço de cozinha, inteiramente dedicado aos assados (e aqui se observa, comparando-se com a tradição medieval e renascentista, uma maior "ordem" na organização dos serviços): pernil de cervo "com todo o lombo"; galinhas-do-mato (francolins) "assadas no espeto em fogo baixo"; perdizes assadas em molho de vinagre e jasmim (um perfume forte, intenso, típico do gosto barroco); lebres "cozidas assadas", todas untadas com banha e servidas com molho real; pombos, eles também, "cozidos assados", com acompanhamentos doces: uma torta folhada de açúcar e canela, docinhos à genovesa, figuras de marzipã.

Essas preparações radicalizam o gosto medieval e renascentista de combinar salgado e doce, ácido e picante: a cozinha de Stefani é uma mescla surpreendente, embora não imprevisível, de sabores aparentemente inconciliáveis. Basta o exemplo da sopa real, "feita de biscoitos de Pisa, entremeados com fatias de queijo gordo e fatias de doce de abóbora, inteiramente armada com lancetas de peito de capão, e por cima uma camada de posta de faisão, ornada com laticínios fritos na manteiga, olhos de vitela recheados, patas de vitela cortadas em finíssimas fatias: a sopa foi feita com caldo gordo de capão e nata de leite, com suco espremido de limão, e por cima uma cobertura de massa fina".

O banquete se encerra com um segundo e um terceiro serviço de aparador, dedicados predominantemente às frutas (frescas e cristalizadas), aos queijos e aos legumes. Num, servem-se sopas de cogumelos, trufas, couves-flores, ostras, caranguejos, aspargos, alcachofras, uvas frescas, peras bergamotas, queijo marzolino (de ovelha) e parmesão, funcho, salsão, maçãs, azeitonas, creme batido, manjar branco. No outro, aparecem travessas fundas de "doces e conservas": groselhas, cidras, agriotas, pêssegos, pistaches, marmelos, cidras cristalizadas, peras, "amêndoas reais", pinoles ao musgo. Amplo repertório, quase um catálogo da arte confeiteira.

A narração de Bartolomeo Stefani, que se concentra na atividade de cozinha e de aparador, quase nos faz esquecer que, do outro lado da mesa, há alguém comendo (ou pelo menos admirando) essas belezas e delícias. Tentemos nos colocar em outro ponto de vista, o de Sua Majestade e dos nobres que a recebem. O que terão comentado, que emoções terão sentido ao participar de semelhante banquete? Muitos outros já teriam provado algo similar, naqueles dias e naqueles anos. Tudo terá se afigurado absolutamente "normal"?

Bartolomeo Stefani, como todos os mestres de cozinha que tiveram de se relacionar com a ilustre rainha naquelas semanas, numa ou noutra etapa de sua descida até Roma, deve ter dado tudo de si — a atenção, a habilidade, a imaginação — para tornar o evento inesquecível. Mas não devia ser fácil aprazer e impressionar esse público exigente, acostumado a tudo — sobre Cristina, então, comentava-se que era especialmente volúvel e inconstante.

Por exemplo: o singelo pratinho de morangos ao vinho branco, mesmo que acompanhado por refinadas esculturas de açúcar, como terá sido recebido, no início da refeição?

Na verdade, não sabemos de que produto se tratava. Moranguinhos silvestres? Hoje certamente causariam maior impressão do que os morangos cultivados, maiores e mais bonitos, mas também mais comuns e menos saborosos. No entanto, na Europa do século XVII, os cultivados ainda eram raridade: as mesas medievais conheciam apenas os moranguinhos silvestres, visto que a outra espécie, de origem americana, entra em cena somente do século XVI em diante. Provavelmente Stefani usara os morangos "novos", para impressionar mais os olhos e a imaginação dos convivas.

Agora, porém, concentremo-nos no calendário. A visita de Cristina ao duque Carlos Gonzaga, que custa a Bartolomeo Stefani um trabalho adicional, sem dúvida gratificante (a melhor prova disso é o orgulho com que narra a ocasião), mas extremamente laborioso, ocorre em 27 de novembro de 1655. Onde encontrar, em 27 de novembro, um lote de morangos frescos para servir à convidada? Hoje não seria difícil — o mercado globalizado não conhece estações. Mas em 1655?

Sabemos que o cuidado com hortas e pomares conheceu no século XVII um extraordinário sucesso entre as cortes aristocráticas. Os nobres rivalizavam na multiplicação das espécies cultivadas; Luís XIV da França, o Rei Sol, tinha a seu serviço um habilidosíssimo jardineiro e horticultor, Jean Baptiste de la Quintinie, que se gabava de ter selecionado mais de quinhentas qualidades de peras, que frutificavam em momentos diferentes ao longo de todo o ano: o soberano, se quisesse, poderia ter uma diferente a cada dia.

Graças também a personagens como esses, a agronomia e a horticultura fizeram enormes progressos, acentuando a tendência difundida de diversificar e multiplicar as espécies cultivadas, para poder "cobrir" a maior parte possível do ano. Uma espécie de estratégia para "esticar o tempo", alongando os ciclos de produção e a própria noção de sazonalidade. Em certos casos, essa prática alcançava níveis de verdadeiro virtuosismo: não sabemos onde aqueles morangos foram produzidos, mas certamente não era comum servi-los em Mântua, entre as névoas do vale do Pó, ao final do mês de novembro. E atenção: ao contrário de nós, que em grande parte perdemos o contato com a terra e o sentido das estações, aqueles homens sabiam muito bem quando nasce um morango, um aspargo ou uma alcachofra. É por isso que aquele pratinho de morangos, que qualificáramos de "singelo", nada tinha de singelo.

Aquele pratinho era um desafio. Com uma abertura daquelas, Stefani já ganhara a partida. Com a mesma *nonchalance*, iria servir aspargos e alcachofras (que aparecem no segundo serviço de aparador) em meio a muitas iguarias. A imaginação da rainha, das damas e dos cavalheiros de seu círculo talvez não tenha se surpreendido com o empadão de faisão, com os pombos untados em banha ou com o pernil de cervo assado — pratos excelentes, porém vistos e revistos —, mas certamente terá se fascinado com a capacidade desse homem (que não se ocultava nas sombras, mas servia pessoalmente à mesa) de apresentar frutas e verduras inesperadas.

Essa estratégia, esse *projeto* é plenamente consciente, tanto é que Bartolomeo o apresenta e discute de maneira explícita no último parágrafo do livro, logo após (não por acaso, podemos dizer) a narração do banquete para Cristina da Suécia. *Advertências aos senhores leitores*, é o título: uma reflexão *a posteriori* "sobre algumas coisas, pertencentes aos banquetes, descritos neste presente livro". Tereis percebido, inicia Stefani, que em certas ocasiões "ordeno algumas coisas, como por exemplo aspargos, alcachofras, ervilhas, nos meses de janeiro e fevereiro, e coisas semelhantes, que à primeira vista parecem contra a estação". À primeira vista. Mas é uma impressão que se apresenta apenas "a quem nunca atravessou o rio da Pátria [...] e a quem aprecia demasiado o pão da Cidade natal". Saibam estes — estes que nunca saíram de sua "pátria" e não conseguem ver nem apreciar outro alimento senão o de sua "Cidade natal" — que nenhum produto jamais está realmente fora de estação: "Quem possui valorosos cavalos e boa bolsa [ágil meio de transporte e dinheiro suficiente] em todas as estações encontrará todas essas coisas, que eu lhes apresento, e nos mesmos tempos, de que falo delas."

Mesmo limitando-nos à Itália, pensemos nas coisas esplêndidas que as costas de Nápoles e da Sicília produzem na estação do frio: cidras, limões, laranjas, alcachofras, aspargos, couves-flores, favas frescas, alfaces, flores. Produtos que depois são vendidos e difundidos por todo o Reino. As mesmas coisas vêm da costa de Gaeta, que abastece Roma, enquanto a costa da Ligúria abastece Milão, Florença, Bolonha, Turim e a maioria das cidades lombardas. Belos frutos provêm das margens do lago de Garda e das hortas de Veneza, "férteis de aspargos brancos, alcachofras e ervilhas especialmente nos meses de janeiro e fevereiro". Nos campos bolonheses, nascem no inverno maravilhosos funchos e cardos gigantescos.

A atenção de Stefani então se transfere para os produtos em conserva, as mil variedades de salames e queijos que alimentam o mercado interurbano das especialidades gastronômicas. Uma última palavra de louvor cabe a Mântua, "onde agora opero esta arte", especialmente pelos peixes deliciosos e "de notável tamanho" que se pescam em seus lagos em todas as épocas do ano. O final politicamente obrigatório — sendo obra dedicada ao marquês Ottavio Gonzaga e publicada pelos Osanna, "tipógrafos ducais" — não oculta a mensagem de fundo, o elogio do mercado e da economia de troca, que, em tendo os recursos, permite jogar com o tempo e com o espaço, vencendo as limitações da estação e do território.

É esse o primeiro sinal de diferença entre a mesa "comum" e a mesa do príncipe. Bartolomeo Stefani, enunciando o princípio com inédita clareza, reivindica para si e para sua *louvável profissão* (assim chamada no título de seu livro de culinária) o papel de diretor e estrategista possibilitado por tudo isso, graças a uma complexa rede de conhecimentos e competências que atravessa toda a cadeia alimentar, da produção à troca, até o preparo e a montagem da mesa. Arte deveras nobre, embora Stefani no prefácio ao livro finja considerá-la "humilde" e "pobre". Mas é mera retórica, que não oculta o sentimento de orgulho por um saber que nasce da prática, da lide diária na cozinha, antes de "se sublimar" num livro. A imagem é maravilhosa: "Estas minhas teses de ensopada filosofia [...] foram impressas antes de passar pela prensa, para que entre as gorduras tivessem sua primeira impressão."

PIQUENIQUE NO PAÍS DA COCANHA

Convido-vos a um passeio no campo. Mas não precisais levar um cesto de casa, pois comida encontraremos em abundância: ao longo dos caminhos, nos prados, nas campinas, no ar, na água. Alimento já pronto, cozido à perfeição, que só espera ser comido: *implora* ser comido.

Não fica bem claro onde se encontra esse fantástico país. Sabemos apenas que se chama Cocanha e, procurando bastante, não nego que consigamos encontrá-lo. Em todo caso, o encontro será lá. Na hora de comer, evidentemente (embora lá *sempre* seja hora de comer).

Um poeta francês do século XIII afirma que o visitou para expiar uma penitência um tanto singular. "Uma vez fui a Roma pedir penitência ao papa, e ele me sugeriu uma peregrinação até um país onde vi coisas maravilhosas." Um país abençoado por Deus e por todos os seus santos: "o país da Cocanha, onde quanto mais se dorme mais se ganha." Mas a verdadeira finalidade não é dormir nem ganhar. É dar livre curso às necessidades e desejos do corpo, a começar pelo alimento, primeira necessidade, primeiro desejo.

No mágico país da Cocanha, as paredes são feitas de salmão e de arenques. As vigas de esturjões, os telhados de presuntos, as balaústras de linguiças. Os campos de trigo são cercados por carne assada e pernis de porco. Pelas ruas encontram-se gansos gordos "que giram sozinhos sobre si mesmos": até a agradável faina de cozinhar é aqui desconhecida, pois os animais se assam sozinhos. Um "alvo molho de alho" os acompanha. Sem que nada nem ninguém o proíba, pode-se pegar de tudo, "peixe ou carne, e se alguém quisesse levar uma carroça inteira poderia fazê-lo segundo seu desejo", carne de cervo ou de ave, assada ou cozida, à vontade. "E digo-vos que por toda parte, pelos caminhos e pelas ruas, encontram-se mesas postas, cobertas por brancas toalhas."

Sentamo-nos e comemos livremente, e no fim não há nenhuma conta a pagar.

E para beber? "É sacrossanta verdade que nesse lugar abençoado corre um rio de vinho", metade tinto, "do melhor que se pode encontrar", metade branco, "do mais generoso e prelibado como jamais foi produzido." Escolhe-se a margem conforme o gosto. Mas, querendo, pode-se beber dos dois lados, pois em toda parte aparecem "taças de madeira e copos de vidro". Aqui também, nenhuma proibição e nenhum impedimento: bebe o quanto quiseres, ninguém te censurará e não te custará um centavo.

O calendário desse país é bastante insólito: há quatro Páscoas, quatro Natais e assim com todas as festas de rigor. Quatro são as vindimas, quatro os carnavais, e a Quaresma ocorre a cada vinte anos. O clima é chuvoso, mas regular: três vezes por semana cai "uma chuvarada de suflês quentes".

Os prazeres compartilhados são mais intensos e por isso nosso poeta, logo que chegou ao país da Cocanha, voltou imediatamente para procurar seus amigos e levá-los para festejarem juntos. Infelizmente, não conseguiu mais encontrá-lo. "Fui louco, admito, no dia que saí daquele país." Realmente uma pena, para ele, para seus amigos e para todos os outros que poderiam tê-los seguido, já que não guardariam o segredo para si mesmos: onde há abundância, o conflito e a inveja mais facilmente cedem lugar à participação.

Que pena, também, que nosso poeta não pudesse consultar — não os tendo à disposição, e, além do mais, não conhecendo o grego — alguns textos de comediógrafos áticos do século V a.C., que haviam descrito um país de características muito semelhantes às da Cocanha. Não era assim que o chamavam, mas talvez fosse exatamente o mesmo, e algumas indicações para reencontrá-lo teriam sido úteis.

Por exemplo, a ideia do ganso que se assa sozinho num espeto giratório não é muito diferente da passagem em *Animais* de Crates, que apresenta um mundo de objetos que se movem sozinhos, fazendo o serviço do homem sem necessidade de mover um dedo. Basta mandar: "Mesa, instala-te em teu lugar e te prepara sozinha. Cestinho, prepara para fazer o pão. Taça, serve-te de bebida. Fogaça, fermenta. Panela, escorre as beterrabas, peixe, adianta-te." E se o peixe protestasse: "Mas ainda não estou assado do outro lado!", bastaria dizer a ele: "Então o que esperas para te virares e te polvilhares de sal untando-te de azeite?" Crates, a bem dizer, descrevia um país ainda por vir, uma espécie de mundo ideal do futuro. Mas, quem sabe, no século XIII talvez já tivesse chegado.

Porém, segundo outros autores do classicismo, esse mundo não viria *depois*, mas já existira *antes*, depois desaparecera (uma espécie de Paraíso terreno). Teléclides, numa comédia intitulada *Aficções*, falava do tempo em que "as coisas necessárias se ofereciam espontaneamente: o vinho corria em cada regato, fogaças e pães disputavam o paladar dos homens suplicando-lhes que os comessem [...] Os peixes, assando-se sozinhos ao ponto certo, apresentavam-se já prontos nas mesas ao se chegar em casa". Ao redor dos divãs onde se comia, "corria um rio de caldo, arrastando pedaços quentes de carne", enquanto "riachos de molhos prelibados" se ofereciam a quem quisesse apreciá-los, para temperar e amaciar o bocado. Rolinhas assadas "voavam até a garganta acompanhadas por pequenas fogaças de leite", e ouvia-se um grande estardalhaço "quando as fogaças abriam caminho aos trancos dentro do maxilar". Naquele tempo — que sorte a deles — "os homens eram gordos".

Outra comédia, *Os mineiros* de Ferécrates, porém, ambientava essas imagens no Tártaro, o reino subterrâneo dos mortos. Lá embaixo encontram-se ricas iguarias, preparadas de todas as maneiras possíveis. "Rios de polenta e de caldo escuro corriam gorgolhando por entre os caminhos", com pedaços de pão e fatias de fogaças, de modo que o bocado "podia descer facilmente pela garganta dos falecidos". Entrementes, nas margens haviam-se espalhado "tripas recheadas e pedaços de linguiça ainda crepitantes". Depois havia "filés de peixe assados com perfeição, preparados com todo tipo de acepipes, e rodelas de enguias envoltas em folhas de beterraba". E ali perto "pernis inteiros de animais, muito macios, postos em pequenas tábuas de trinchar", enquanto miúdos de boi e entrecostos de porco dourados "jaziam dispostos sobre fogaças de trigo". Aqui também, o alimento *pedia* para ser comido: "rolinhas assadas, preparadas para acompanhar as carnes cozidas, voavam ao redor da boca suplicando-nos para comê-las de um só bocado." O alimento, nesses lugares mágicos, rebrota sozinho sem nenhum esforço: "A cada vez que alguém comia ou bebia, alimentos e bebidas imediatamente redobravam."

Na Cocanha medieval revivem os mitos e as sugestões antigas. Mas a narrativa não fala de um *alhures* espacial e temporal. Fala de lugares que existem (existiriam) aqui e agora. O mito cede lugar à utopia do "mundo às avessas". Aquele que se realiza no carnaval, todos os anos. E por que não podem ser quatro, como dizem que era no país da Cocanha? Ou talvez um carnaval permanente?

Depois da narrativa francesa do século XIII, outros textos (e mais tarde também imagens) apresentam esse lugar com detalhes adicionais. Já sabiam das ruas, dos prados, das campinas, dos rios que atravessam a paisagem cocanhense. Faltava o detalhe da montanha, que aparece num retrato pintado na Itália, que se tornou conhecido pela primeira vez numa novela de Boccaccio, que, como de costume, transforma tudo em burlesco. Mas, por trás do burlesco, intui-se a verdade dessa paisagem, que terá extraordinária fortuna ao longo dos séculos, tornando-se meta de numerosas viagens.

Para desorientar o leitor, Boccaccio também trocou o nome do país. A cena se abre em Florença, onde o pintor Calandrino é envolvido por Maso del Saggio numa conversa irreal sobre as "virtudes" das pedras: uma delas, o heliotrópio, deixaria seu portador invisível. Calandrino, fascinado pela ideia, quer saber onde se encontram tais pedras, e Maso lhe responde que "se encontram principalmente em Berlinzone, terra dos bascos, numa região que se chamava Gozabem".

Apesar das tentativas de despistar, não é difícil entender que essa terra do Gozabem é nossa Cocanha: Boccaccio se trai ao revelar que lá "se amarram as videiras com linguiças"; que por apenas uma moeda pode-se comprar um ganso, junto com um pato; que corre "um riacho de *vernaccia* (vinho), da melhor qualidade que já se bebeu, sem ter nenhuma gota de água dentro". Na verdade, sabemos que também corre vinho tinto...

O que nos coloca numa dificuldade maior é o detalhe da montanha, ausente da descrição francesa: bem no centro do país, escreve Boccaccio, "havia uma montanha toda de queijo parmesão ralado, sobre a qual ficavam pessoas que nenhuma outra coisa faziam senão fazer macarrões e raviólis e cozê-los em caldo de capões, e depois os atiravam lá para baixo, e quanto mais se pegava, mais se tinha".

Que se trata da Cocanha, é inegável, mas a dúvida que surge é se Gozabem seria uma *outra* Cocanha, localizada em algum lugar de nossa península, talvez na Sicília: em tantas coisas semelhante àquela transalpina, mas decididamente diferente. Macarrões, raviólis... Não são especialidades desconhecidas nos outros países europeus, mas são indiscutivelmente característicos da cozinha italiana. Nhoque de pão com algum molho: é esse, na época de

Boccaccio, o principal significado da palavra "macarrões", que depois passará a designar outros tipos de massa. Ravióli: um verdadeiro *must* da cozinha medieval, uma espécie de picadinho de carne frequentemente usado como "recheio" de um "tortello", ou seja, uma tortinha ou pastelzinho, um pedaço de massa que contém um "recheio" em seu interior (mas os raviólis podem ser também "nus"). Parmesão: um produto de ponta da gastronomia italiana, desde o século XIII. Usado, sobretudo, tanto naquela época como agora, para "enqueijar" raviólis, macarrões e os mais variados tipos de massas. E existe maneira melhor do que fazer a massa rolar pelas encostas de uma montanha de queijo ralado?

"Este é um bom país", comenta Calandrino. Mas uma curiosidade o acomete: "Dize-me, o que se faz com os capões que cozinham com eles?" Ele se refere aos capões usados para fazer o caldo, onde raviólis e macarrões ficam cozendo continuamente. Maso o desilude: "Os bascos comem todos eles."

Mesmo assim, Calandrino se contentaria: eu te acompanharia com prazer a esse país, diz a Maso, para assistir à cascata dos macarrões "e me empanzinaria com a comilança". Guloso de tais comidas, o jovem pintor florentino não quer outra coisa (mas não desdenharia alguns capões). Trata-se, visivelmente, de um gosto compartilhado por muitos, em sendo verdade que desde então, na Itália, as representações do país da Cocanha passam a se adequar a esse clichê, reproduzindo o mesmo enquadramento pelo mesmo ângulo visual. Entramos no reino do cartão postal, que dispõe inexoravelmente a montanha dos desejos no centro da imagem (mais ou menos como o Vesúvio no golfo de Nápoles).

Tais estereótipos têm de ser respeitados até mesmo pelos agentes turísticos que oferecem férias de sonho em lugares exóticos; é o que ocorre a partir do século XVI, quando se espalha a notícia de que se avistaram novas terras, até mesmo um novo continente no além-mar: um novo país da Cocanha? Na incerteza, um poeta modenês da época decide chamá-la de "terra da Boa Vida". Mas o que se promete aos viajantes não é uma experiência inédita, que sacie o gosto pela curiosidade: a fome é sempre a mesma, gostos e desejos não mudaram. Assim, mesmo a viagem transoceânica terá como meta uma "montanha de queijo ralado" que "se vê sozinha em meio à planície". No alto, o enorme "caldeirão" habitual, que "sempre ferve, cozinha macarrões"; e "estando cozidos, atira-os para fora" e, "descendo por aquele monte [...], se enqueijam por todos os lados". Ao redor, fontes de vinho, um rio de leite e frutas, pães, bolos, carnes, queijos; e, evidentemente, "os jumentos são amarrados com linguiças". Lá reina um soberano tão "farto e gordo" que "nunca se quer mexer do lugar".

Na Cocanha flamenga de Pieter Bruegel (pintada em 1567), também há uma montanha, mas não rolam raviólis e macarrões, pois ela mesma é de se comer: uma enorme polenta, de onde alguém se esforça em sair, provido do único utensílio capaz de abrir caminho num lugar desses: numa colher. Em primeiro plano, aturdidas pela comilança, três pessoas dormem sob uma árvore. Representam, segundo a ideologia da época, as três "ordens" principais da sociedade: o camponês, que descansa num malho de bater trigo; o soldado, com uma lança aos pés; o padre, com seu livro de orações. Malho, lança e livro jazem no chão inutilizados: aqui, a obrigação é não fazer nada. Ao redor deles, um ovo cozido passeia tranquilo (mas seu interior já foi comido) e um leitãozinho corre com uma faca nas costas, que está a tirar fatias dele. Um frango assado se ajeita num prato, enquanto outro soldado, numa cabana com o telhado recoberto de bolos, espera que um pombo assado lhe caia dentro da boca.

Com o passar do tempo, acumulam-se as notícias sobre o país da Cocanha, multiplicam-se os detalhes. Um folheto anônimo do século XVIII, impresso em Roma por Carlo Losi, reproduz pormenorizadamente a *geografia* do lugar, apresentado em toda a sua variedade. No centro, obviamente, está a "montanha enorme de queijo ralado, sobre a qual há um caldeirão com uma milha de largura, que ferve sem parar e lança para fora macarrões e raviólis que, rolando pelo queijo, caem lá embaixo, no lago de manteiga derretida com fatias de *provature* (queijos frescos), e cada qual pega e come a seu gosto". Quanto à montanha, já sabíamos. Quanto ao lago de manteiga derretida com fatias de *provature* (o nome da mozzarella na região romana), ninguém ainda nos falara.

Esse monte, tendo no alto o fogo que alimenta a panela, tem toda a aparência de ser um vulcão, como tantos há na Itália. A paisagem é *fisicamente* plausível, bem como, no plano gastronômico, são plausíveis as especialidades ali encontradas. Bolinhos: nascem nas árvores retratadas no fundo, onde cúmulos de nuvens vertem mel aos borbotões. Em outras árvores, há homens com varas derrubando "aves cozidas"; outros bosques, que fazem a fronteira no lado oeste, frutificam "perdizes e capões assados e untados com banha, todos bonitos e gostosos". Tudo (como já sabemos) chega já pronto: ninguém trabalha nos fornos "que produzem empadões quentes de todos os tipos e pães frescos". Os personagens ali em torno estão simplesmente pegando os produtos.

Em outros lugares, veem-se "campos de marzipã e todos os tipos de confeitos", uma "planície de fritadas quentes", um pequeno "monte de queijos frescos de ovelha" e um montinho de especiarias, pastos luxuriantes onde se alimentam vacas de incrível fecundidade, que "parem catorze bezerras todo mês".

O território é cortado por quatro rios, tal como o Paraíso terrestre. Três trazem vinhos nobres: moscatel, trebbiano e mangiaguerra. O quarto é de leite, nascendo numa gruta, e suas margens são escoradas por ricotas; duas enormes fatias de melão, à guisa de pontes, permitem atravessá-lo. Há também um lago, que "atira incessantemente peixes cozidos, assados, ensopados, de todos os tipos". Outros vinhos surgem ao redor: a malvasia brota de uma fonte, um "mar de bom vinho grego" conforta os visitantes, os quais, em vez de se banharem, bebem. Mesmo as prisões, onde ficam trancafiados os flagrados no trabalho, são cercadas por "fossos de vinho suave"; até as artilharias colocadas em sua defesa "atiram garrafões de bom vinho".

Não faltam, lá ao fundo, "árvores carregadas de todos os tipos de frutas que se possam desejar", com a singular capacidade de frutificar ininterruptamente, "o ano inteiro"; mesmo os figos estão "maduros em todas as épocas", bem como os melões e as alcachofras. As videiras também "estão carregadas de uvas doces o ano todo", e os sarmentos são amarrados com "salsichões" (assim como se amarram os jumentos "com as linguiças", já nos explicara Boccaccio). No primeiro plano, destaca-se um enorme pé de alface, o qual, porém, não parece destinado especialmente à mesa. Sob esse pé, explica a legenda, "ficam três mil ovelhas à sombra".

Há apenas uma mesa pintada nessa paisagem, e os comensais estão todos com a boca aberta para cima, pois do céu chovem perus, perdizes, faisões, codornizes, capões "e todos os tipos de aves cozidas". No mais, realmente estamos no reino do piquenique. Passeando entre os montes, prados e campinas, entre o borbulhar de rios e riachos, os alimentos estão sempre ao alcance da mão; não se entende por que alguém, talvez o próprio impressor, quis insinuar, à margem do papel, que "esta geografia", tão repleta de belas coisas, foi feita "por um ser cujo nome é mentira".

Eu, de todo modo, estou pronto para partir. Faço reserva para todos?

RSVP

Os textos originais

Os ossos despedaçados

Chronicon Novaliciense, III, 21. In: *Monumenta Novaliciensia vetustiora*. Roma: Ed. C. Cipolla, II, Istituto Storico Italiano, 1901, pp. 188-190. Uma tradução italiana: *Cronaca di Novalesa*. Turim: Ed. G. C. Alessio, Einaudi, 1982.

STURLUSON, Snorri. *Edda*. Milão: Ed. G. Dolfini, Adelphi, 1975.

AUXERRE, Eirico de. *Miracula sancti Germani episcopi*, I, 80, in AA. SS. Antuérpia: Julii VII, 1731, p. 272.

O hóspede inesperado

BALBULO, Notkero. *Gesta Karoli Magni imperatoris*, I, 17. In: *Monumenta Germaniae Historica, Scriptores rerum germanicarum*, n.s. Berlim: Ed. H. Haefele, 1960.

A carne e o peixe

DAMIANI, Pier. *Epistolae*, VI, XIX, *Ad Rodulphum et Ariprandum monachos*. In: *Patrologia Latina*, 144, pp. 399-402.

GREGÓRIO MAGNO. *Dialoghi*, I, I, 1-2. Roma: Città Nuova Editrice, 2000, pp. 76-77 (texto latino em *Sources Chrétiennes*, 261. Ed. A. De Vogüé).

O jantar salvo da tempestade

GILONIS. *Vita sancti Hugonis abbatis*, I, XXXIV. Ed. E.H.J. Cowdrey, in: *Studi Gregoriani*, XI, 1978, pp. 45-109.

IONAE. *Vita Columbani et discipulorum eius*, I, 13. Hannover-Leipzig: Ed. B. Krusch, 1905. Uma tradução italiana: BOBBIO, Giona di. *Vita di Colombano e dei suoi discepoli*. GRANATA, A. (Org.). Milão: Jaca Book, 2001, pp. 64-67.

O cavaleiro, o eremita, o leão

Les Romans de Chrétien de Troyes, IV: *Le Chevalier au lion*. Paris: Ed. M. Roques, Champion, 1967. Uma tradução italiana: AGRATI, G.; MAGINI, M. L. (Orgs.). *Ivano*. Milão: Mondadori, 1983, pp. 44-45, 52-53.

A briga por quatro ceias

Chartularium Imolense. S. GADDONI; G. ZACCHERINI (Orgs.). I, *Archivum S. Cassiani*, Giulio Ungania, Imola 1912, n. 451, a. 1197, pp. 546-564; n. 452, a. 1197, pp. 564-579; n. 453, a. 1198, pp. 579-584.

O alimento e a festa

CELANO, Tommaso da. *Vita seconda di san Francesco d'Assisi*, CLI, 199-200. In: CAROLI, E. (Org.). *Fonti francescane. Editio minor*. Pádua: Editrici Francescane, 1986, pp. 487-488.

Leggenda perugina, 1, ivi, p. 749.

A fumaça e o assado

Il Novellino, IX. In: *Prosatori del Duecento. Trattati morali e allegorici. Novelle*. SEGRE, C. (Org.). Turim: Einaudi, 1976, pp. 72-73.

Tractatus de saporibus, Ed. C. Burnett, *The superiority of taste*. In: *Journal of the Warburg and Courtauld Institutes*, 54, 1991, pp. 236-238.

Um convite para o senhor Pancia

Codex Astensis qui de Malabayla communiter nuncupatur. Roma: Ed. Q. Sella, IV (Apêndice), Accademia Nazionale dei Lincei 1880, n. 1022, pp. 43-44.

Dress code

SERCAMBI, G. *Novelle*, LXXI. SINICROPI, G. (Org.). Bari: Laterza, 1972, I, pp. 314-315.

As variantes quinhentistas. In: *La leggenda di Dante. Motti, facezie e tradizioni dei secoli XIV-XIX*. PAPINI, G. (Org.). Lanciano: Carabba, 1911, pp. 76-78.

As invenções da fome

Anônimo romano. *Cronica*, IX, PORTA, G. (Org.). Milão: Adelphi, 1981, pp. 33-37.

FELICI, C. *Scritti naturalistici*, I, *Del'insalata e piante che in qualunque modo vengono per cibo del'homo*, ARBIZZONI, G. (Org.). Urbino: Quattro Venti, 1986.

O juiz e o capão

SACCHETTI, F. *Il Trecentonovelle*, n. CXXIII, FACCIOLI, E. (Org.). Turim: Einaudi, 1970, pp. 320-323.

Cozinha bolonhesa, cozinheiro alemão

ARIENTI, Sabadino degli. *Le Porretane*, XLVI. GAMBARIN, G. (Org.). Bari: Laterza, 1914, pp. 275-277.

O príncipe dos cozinheiros e o humanista refinado

PLATINA. *De honesta voluptate et valetudine*, Ulrich Han, [Roma] 1470 ca. Uma tradução italiana: *Il piacere onesto e la buona salute*. FACCIOLI, E. (Org.). Turim: Einaudi, 1985.

Castelos de açúcar

GHIRARDACCI, C. *Historia di Bologna*. Sorbelli, A. Org.). Città di Castello: Lapi, 1932 (*Rerum Italicarum Scriptores*, 2, XXXIII/I), pp. 235-241.

Banquetes de artista

VASARI, G. *Le vite de' più eccellenti pittori, scultori e architettori nelle Redazioni del 1550 e 1568*. Pisa-Florença: Scuola Normale Superiore / Accademia della Crusca, 1994.

Sabores e harmonias

SBUGO, Cristoforo Messi. *Banchetti compositioni di vivande et apparecchio generale*. Ferrara: De Bughlat e Hucher, 1549; e a edição idêntica, com outro título, *Libro novo nel qual s'insegna a far d'ogni sorte di vivande*. Veneza: De Leno, 1557, pp. 15-19.

A receita dos pescadores

Opera di Bartolomeo Scappi, cuoco secreto di papa Pio V, divisa in sei libri. Veneza: Tramezzino, 1570, III, LXXIX, f. 120 (Receita do linguado), IV, ff. 320-325 (Banquete em honra de Carlos V) e *passim*.

Contra o luxo alimentar

PACCAGNELLA, I. *Cucina e ideologia alimentare nella Venezia del Rinascimento*. In: *Civiltà della tavola dal Medioevo al Rinascimento*. Veneza: Neri Pozza, 1983, pp. 44-46 (por F. Mutinelli, *Lessico veneto*, Andreola-Franz, Munique, 1851).

"Não coma tortas quem está acostumado a nabos"

CROCE, G.C. *Le sottilissime astuzie di Bertoldo*. Turim: Ed. P. Camporesi, Einaudi, 1978.

O desafio dos morangos

STEFANI, B. *L'arte di ben cucinare, et instruire i men periti in questa lodevole professione*. Mântua: Osanna, 1662, pp. 135-144.

Piquenique no país da Cocanha

Fabliau de Cocaigne. In: *Fabliaux et contes des poètes françois des XIe-XVe siècles*. Paris: Ed. E. Barbazan e D. M. Méon, Warée, 1808, IV, 175. Uma tradução italiana: BELLETTI, G. C. (Org.). *Fabliaux. Racconti comici medievali*. Ivrea: Herodote, 1982, n. IX, pp. 95-105.

PELLEGRINO, M. *Antiche immagini di 'mondi alla rovescia'*. In: *Griseldaonline. Portale di letteratura*, Dipartimento di Filologia clássica e Italianistica, Alma Mater Università di Bologna, ano 2007, Tema n. 7 (A rovescio). Online.

BOCCACCIO, G. *Decameron*, VIII, 3. *Capitolo qual narra l'essere di un mondo novo trovato nel Mar Oceano*. In: CAMPORESI, P. *La maschera di Bertoldo. G.C. Croce e la letteratura carnevalesca*. Turim: Einaudi, 1976, pp. 309-311.

Il paese di Cuccagna, gravura séc. XVIII, Losi, Roma. [Milão, Collezione Bertarelli].

ÍNDICE DOS NOMES

Abbate, padre, 59
Adelchi, rei dos lombardos, *também dito* Algiso, 17-20, 22-24, 28
Al-'Awwā'n, Ibn, agrônomo, 106
Albertino de Diana, camponês, 66
Alberto, bispo de Imola, 59, 63, 67-68
Albini, Giacomo, médico, 193
Alboino, rei dos lombardos, 194
Aldrovandi, Ulisse, naturalista, 104
Alexandre VII, papa, 199
Algiso, *ver* Adelchi.
Alighieri, Dante, 95-98
Alvise, inspetor veneziano, 183
Anisio, Cosimo, poeta, 96
Apício, gastrônomo, 125-126
Arardo, bispo de Imola, 63-64, 67
Arduino, diácono, 62
Arienti, Sabadino degli, 115
Ariosto, Ludovico, 156, 161
Ariprando, monge, 38
Aristóteles, 84
Artur, rei, 51
Aspetato, mestre, 59

Baia, artífice, 151, 155
Balbulo, Notkero, 31-32
Baldovino, curial, 66

Bartolomeo, 89
Bennone, bispo de Imola, 66
Bentivoglio, família, 146
Bentivoglio, Andrea, 135
Bentivoglio, Annibale, 133
Bentivoglio, Giovanni II, 133, 143, 145
Beolco, Angelo, *dito* Ruzante, 169
Bertoldo, camponês, 191, 194-196
Boccaccio, Giovanni, 214-216, 219
Borgia, Lucrécia, 160
Bruegel, Pieter, 217
Bucintoro, Lorenzo, juiz, 89
Bugiardini, Giuliano, pintor, 151-152

Calandrino, pintor, 215-216
Campeggi, Lorenzo, 175, 179
Carlos II, rei de Nápoles, 95, 199-200
Carlos V, imperador, 160, 175-178
Carlos Magno, 17-28, 31-33, 142-143
Castracani, Castruccio, líder, 95
Cattani, Bonifacio, 135
Celestino III, papa, 59
Cérbero, 153
Ceres, *ver* Deméter.
Chrétien de Troyes, 51, 192

227

Clario, padre, 62
Clemente VII, papa, 175
Colombano, santo, 46-47
Condolmieri, Ludovica, amante de Ercole I d'Este, 133
Constantino V, imperador, 17
Copparino, Michele, arrendatário, 89
Crates, comediógrafo, 213
Cristiano, padre, 63-65
Cristina, rainha da Suécia, 199--200, 203-205
Croce, Giulio Cesare, jogral, 191, 194

D'Agnolo, Feo, músico, 150
Dalida, cantora, 165
D'Andrea, Noddo, 116-117
Da Viola, Alfonso, músico, 164, 167
Del Saggio, Maso, 215
Del Sarto, Andrea, pintor, 150
Deméter/Ceres, divindade, 153
Desiderio, rei dos lombardos, 17-18
Domizio, monge, 115, 117-118
Dovizi, Bernardo, *dito* Bibbiena, cardeal, 156

Egídio, 45
Eginardo, 21-22
Enoch de Ascoli, humanista, 125
Enrico, bispo de Imola, 59, 63-64, 66-67
Enrico, escrivão, 59, 62
Este, família d', 160
Este, Alfonso I d', 160, 163, 167
Este, Ercole I d', 133

Este, Ercole II d', 160-161, 163
Este, Francesco d', 160
Este, Ippolito d', 160
Este, Lucrezia d', 133
Este Gonzaga, Isabella d', 160

Fabrat, cozinheiro, 83
Farolfo, conde de Orvieto, 38-39
Felici, Costanzo, botânico, 104
Ferécrates, comediógrafo, 213
Firmano, Santo, médico, 124
Focaccia, Anselmo, arrendatário, 89
Francisco de Assis, santo, 77-79
Frederico I, *dito* O Barba Ruiva, imperador, 60, 62

Galeno de Pérgamo, 192
Gerardo, diácono, 62
Germano de Auxerre, bispo, 27
Ghirardacci, Cherubino, cronista, 133, 136, 140-141
Giacomo, 89
Gideão, 45
Giegher, Mattia, 162
Giovanni di Conselice, padre, 66
Gisone, almoxarife, 62
Gonzaga, família, 199
Gonzaga, Francesco, 123
Gonzaga, Ottavio, 206
Gonzaga-Nevers, Carlos II de, 199-200
Graziadeo, camponês, *dito* Marutto, 66
Gregório I, papa, *dito* Magno, 40-41
Grimaldo, curial, 67-70

ÍNDICE DOS NOMES

Guglielmo di San Nazario, prefeito de Asti, 89
Guido, 71
Guido, arcipreste, 66
Guido, conde de Imola, 40
Guido, duque de Spoleto, 22
Guido di Mezzocolle, mestre, 59

Hades, divindade, 153-155
Henrique de Auxerre, 27
Hércules, 162, 169-170
Hipócrates de Cos, 192
Hugo de Cluny, abade, 45-46

Ildebrando, arcipreste, 62, 64-65
Ildebrando, convertido, 62
Ingrati, Andrea, 135
Isabela Clara da Áustria, 200
Ivã, cavaleiro, 51-55, 192

Jerônimo, santo, 37
Jesus Cristo, 77
Júlio II, papa, 146

La Quintinie, Jean Baptiste de, jardineiro, 204
Laudine, 51
Leonardo da Vinci, 149
Leone, Giovan Battista, músico, 168
Leto, Pomponio, humanista, 124
Liutprando de Cremona, bispo, 22
Lívio, Tito, 101
Loki, divindade, 25
Losi, Carlo, impressor, 218
Ludovico, conde, 45

Luís XII, rei da França, 160
Luís XIV, rei da França, 204

Maigret, comissário, 24
Mainardino, prior, 59
Malvezzi, Pirro, 135
Maquiavel, Nicolau, 156
Marchesi, Gualtiero, 165
Marco, bispo bretão, 27
Marcolfo, camponês, 191, 194-195
Martino, abade, 72
Martino, cozinheiro, 196
Martino de' Rossi, cozinheiro, *dito* Mestre Martino, 123, 126-130, 140, 179
Martino, monge, 115, 118
Matazone da Caligano, 194
Medici, Lorenzo de', 146
Messi, família, 164
Messi Sbugo, Cristoforo, 160, 164--165, 168-169
Mestre Giovine, 130
Michelangelo Buonarroti, 178
Morando, 89
Morgana, fada, 54
Morico, frade, 79

Nênio, 27

Oberto de Cesi, escrivão, 89
Oberto *de platea*, 89
Onorato, monge e abade, 40-41

Pancia, *dominus*, 87, 89-92
Panzano, Matteo, pintor, 153
Passapoveri, Dionisio, abade, 115
Paulo II, papa, 123, 127-128

229

Paulo III, papa, 175
Pepoli, Guido, conde, 135
Perséfone, divindade, 153, 155
Pier Damiani, santo, 37-40
Pio II, papa, 123
Pio IV, papa, 175
Pio V, papa, 175, 224
Platina, *ver* Sacchi, Bartolomeo.
Plauto, 161
Plutão, divindade, *ver* Hades.
Prosérpina, divindade, *ver* Perséfone.

Randoino, bispo, 66
Ranucci, Girolamo, 135
Renata, duquesa de Chartres, 160
Ricci, Bartolomeo, 97
Riessi, Lorenzo, 145
Roberto d'Anjou, rei de Nápoles, 95-98
Rodolfo, bispo de Imola, 62-63, 66
Rodolfo, monge, 38
Rodolfo, o Glabro, cronista, 105
Romualdo, santo, 37
Rosselli, Giovanni, 130
Rustici, Giovan Francesco, escultor, 149-150, 152, 155-156
Ruzante, *ver* Beolco, Angelo.

Saboia, família, 193
Sacchetti, Franco, contista, 109, 111-112, 116
Sacchi, Bartolomeo, *dito* Platina, 123-128, 130, 138

Salomão, rei, 191
Sambuco, hortelão, 196
Santo, Alfonso, músico, 165
Savonarola, Michele, médico, 193
Scappi, Bartolomeo, cozinheiro, 175-180
Sercambi, Giovanni, 95-97
Sforza, família, 129
Sforza, Francesco, duque de Milão, 127
Sforza, Ginevra, 133-134
Sisto IV, papa, 128-129
Sofia, mulher do conde Ludovico, 45
Stefani, Bartolomeo, cozinheiro, 199-207
Sturluson, Snorri, 25

Teléclides, comediógrafo, 213
Thiálfi, divindade, 26
Thor, divindade, 25-26
Tomás de Celano, 77-78
Trevisan, Ludovico, patriarca de Aquileia, 127-128
Trivulzio, Gian Giacomo, 129
Trivulzio, Niccolò, 130

Ughetto di Bagnara, 67
Ugicio, bispo de Ferrara, 59
Ugolino, clérigo, 62, 65
Ulisses, 150

Vasari, Giorgio, 149, 151-152, 156
Vitale, 109-111

ESTE LIVRO FOI COMPOSTO EM SIMONCINI GARAMOND CORPO 11,3 POR 16,6 E IMPRESSO SOBRE PAPEL OFF-WHITE AVENA 80 g/m^2 NAS OFICINAS DA RETTEC ARTES GRÁFICAS E EDITORA, SÃO PAULO – SP, EM NOVEMBRO DE 2019